Veronika Pichl

Die Veggie Challenge

Tragen Sie sich jetzt unter
www.vegetarisch-und-vegan.de
für unseren Newsletter ein und erhalten
Sie kostenlose Rezepte und Infos
zu neuen Veröffentlichungen!

Bibliografische Information der Deutschen Nationalbibliothek
Die Deutsche Nationalbibliothek verzeichnet diese Publikation in der Deutschen Nationalbibliografie. Detaillierte bibliografische Daten sind im Internet über http://d-nb.de abrufbar.

Für Fragen und Anregungen
info@rivaverlag.de

Wichtige Hinweise
Dieses Buch ist für Lernzwecke gedacht. Es stellt keinen Ersatz für eine individuelle medizinische Beratung dar und sollte auch nicht als solcher benutzt werden. Wenn Sie medizinischen Rat einholen wollen, konsultieren Sie bitte einen qualifizierten Arzt. Der Verlag und die Autorin haften für keine nachteiligen Auswirkungen, die in einem direkten oder indirekten Zusammenhang mit den Informationen stehen, die in diesem Buch enthalten sind.

Ausschließlich zum Zweck der besseren Lesbarkeit wurde auf eine genderspezifische Schreibweise sowie eine Mehrfachbezeichnung verzichtet. Alle personenbezogenen Bezeichnungen sind somit geschlechtsneutral zu verstehen.

Originalausgabe
1. Auflage 2021

Türkenstraße 89
80799 München
Tel.: 089 651285-0
Fax: 089 652096

Redaktion: Silke Panten
Umschlaggestaltung: Manuela Amode
Umschlagabbildungen: Vorderseite oben: Elena Veselova/Shutterstock.com, unten: JeniFoto/Shutterstock.com; Rückseite: Stephanie Just
Satz: Müjde Puzziferri, MP Medien, München
Druck: Florjancic Tisk d.o.o., Slowenien
Printed in the EU

ISBN Print 978-3-7423-1725-4
ISBN E-Book (PDF) 978-3-7453-1414-4
ISBN E-Book (EPUB, Mobi) 978-3-7453-1415-1

Wir produzieren nachhaltig
www.m-vg.de

Weitere Informationen zum Verlag finden Sie unter

www.rivaverlag.de

Beachten Sie auch unsere weiteren Verlage unter www.m-vg.de

Inhalt

Meine 30-Tage-Veggie-Challenge

Du kannst die Zukunft verändern – mit dem, was du heute tust.

Markiere hier jeden erfolgreichen Challenge-Tag:

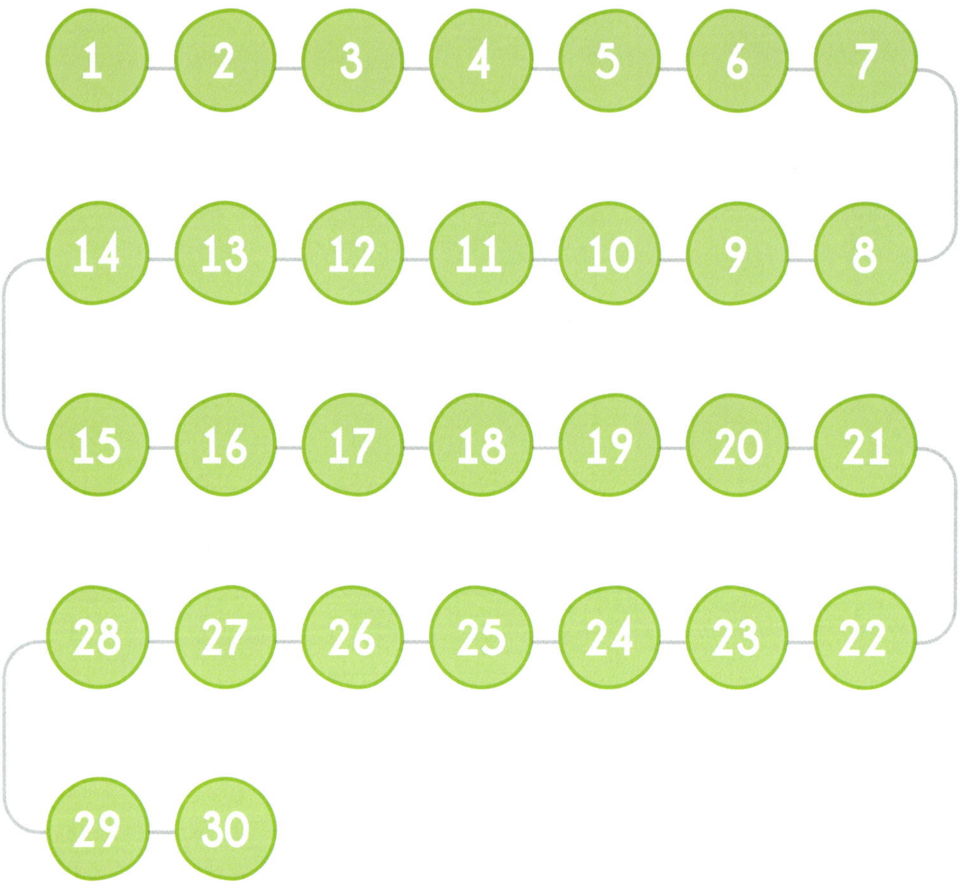

Es gibt wohl kaum ein Ernährungsthema, über das mehr diskutiert wird: unser Fleischkonsum. Für die einen sind Steaks und Aufschnitt fester Bestandteil ihres Speiseplans. Andere hingegen können auf Fleisch und Fleischprodukte problemlos verzichten. Zwar sind diejenigen, die sich vegetarisch ernähren, nach wie vor in der Minderheit – in Deutschland gibt es nämlich nur rund 6,5 Millionen Vegetarier. Allerdings steigt ihre Zahl stetig an und pro Tag kommen Schätzungen zufolge rund 1.000 »Neu-Vegetarier« hinzu.

Die steigende Zahl der Vegetarier hängt zum einen damit zusammen, dass es heute deutlich leichter geworden ist, sich fleischlos zu ernähren. Sogar in Discountern findet man mittlerweile ein umfangreiches Sortiment an Fleischersatzprodukten und sogar veganen Lebensmitteln. Das macht es leicht, fleischfrei zu leben, ohne auf Lieblingsgerichte verzichten zu müssen. Zum anderen werden sich aber auch immer mehr Menschen darüber bewusst, welche Vorteile eine fleischfreie Ernährung mit sich bringt. Diese kommen nämlich nicht nur dem Vegetarier und seiner Gesundheit, sondern auch der Umwelt zugute.

Wer sich diese Vorteile einmal näher anschaut, versteht schnell, dass es sich lohnt, die vegetarische Ernährung zumindest einmal auszuprobieren. Mit unserer 30-Tage-Veggie-Challenge gelingt der Einstieg in die vegetarische Ernährung dabei sogar echten Fleischliebhabern.

Vegetarische Ernährung ist mehr als nur ein Modetrend

Pro Kopf konsumierten die Deutschen 2019 etwa 59,5 kg Fleisch jährlich. Im Jahr 1991 waren es hingegen noch rund 63,9 kg Fleisch pro Person und Jahr. Bereits hieran lässt sich erkennen, dass der Fleischkonsum insgesamt stetig zurückgeht, wenn auch nur leicht.

Viele Fleischfans halten das für einen Modetrend – vergessen dabei jedoch, dass die vegetarische Ernährungsweise auf eine lange Geschichte zurückblicken kann: Bereits die griechischen Orphiker waren Anhänger einer fleischlosen Ernährung, und zwar im 5. und 6. Jahrhundert vor Christus. Anders als bei den meisten heutigen Vegetariern waren ihre Motive für eine fleischfreie Lebensweise allerdings überwiegend religiöser Natur. Doch auch heute noch ernähren sich Anhänger bestimmter Religionen vegetarisch: Im indischen Buddhismus und Hinduismus spielt die fleischfreie Ernährung eine wichtige Rolle und ist Grund dafür, dass etwa 40 % aller Inder vegetarisch leben.

Ganz egal, aus welchen Motiven Menschen vegetarisch leben, gemeinsam haben sie immer eines: Sie verzichten vollständig auf Produkte, die von getöteten Tieren stammen. Neben Fleisch und Fleischprodukten verzichten Vegetarier darum auch etwa auf Schmalz oder Gelatine. »Erlaubt« sind allerdings Lebensmittel, die von lebenden Tieren stammen. Hierzu gehören etwa Milch, Eier, Milchprodukte und Honig. Lediglich Menschen, die vegan leben, verzichten auch auf diese Lebensmittel tierischer Herkunft.

Warum es sich lohnt, auf Fleisch zu verzichten

Die Gründe, warum sich Menschen dafür entscheiden, Fleisch von ihrem Speiseplan zu streichen, können vielfältig sein. Während sich viele aus Tierliebe oder aus Protest gegen Massentierhaltung dafür entscheiden, stehen bei den anderen gesundheitliche Aspekte im Vordergrund. Doch dies sind nur zwei von vielen Gründen, die dafür sprechen, die vegetarische Ernährung zumindest einmal auszuprobieren. Hier kommen noch mehr:

Vegetarier leben gesünder

Aktuelle Untersuchungen belegen, dass Menschen, die sich ausgewogen vegetarisch ernähren, gesünder leben. Das hängt nicht zuletzt damit zusammen, dass ein höherer Anteil pflanzlicher Nahrungsmittel sowie der komplette Verzicht auf Wurst und Fleisch eine verminderte Aufnahme gesättigter Fettsäuren und des »schlechten« LDL-Cholesterins mit sich bringt. Das LDL-Cholesterin kann sich in den Arterien des Menschen ablagern und Ursache verschiedenster Krankheiten sein, etwa Übergewicht, Arterien- und Herz-Kreislauf-Erkrankungen sowie Magen- und Darmerkrankungen oder Bluthochdruck. Leben wir hingegen vegetarisch, sinkt das Risiko, unter solchen Krankheiten zu leiden. Laut einer Untersuchung der Harvard School of Public Health sinkt außerdem das Diabetesrisiko im Zusammenhang mit einer vegetarischen Ernährung.

Ein hoher Fleischkonsum belastet die Umwelt

Den meisten Menschen ist heute bekannt, wie wichtig der Schutz unserer Umwelt und des Klimas ist. Sie entscheiden sich darum für Strom aus erneuerbaren Energien für ihr Zuhause oder steigen vielleicht sogar auf ein Elektrofahrzeug um. Was viele jedoch vergessen: Auch ein hoher Fleischkonsum belastet die Umwelt enorm! Schließlich braucht die auf der ganzen Welt expandierende Fleischindustrie die Ressourcen der Erde im Eiltempo auf. Die Tierhaltung trägt weltweit mit über 15 % zu den vom Menschen verursachten Emissionen von Treibhausgasen bei. Außerdem dienen etwa 70 % der verfügbaren und erschlossenen Wasserressourcen weltweit der Landwirtschaft. Die Fleischproduktion verbraucht dabei besonders viel Wasser.

Fleischkonsum ist ineffizient und erzeugt Hunger auf der Welt

Die Aufzucht von Tieren, die später geschlachtet werden, ist deutlich ineffizienter als der Anbau von Getreide oder Gemüse. Das bedeutet in Zahlen: Zur Ernährung eines Vegetariers sind rund 20-mal weniger landwirtschaftlich genutzte Flächen erforderlich. Das hängt nicht zuletzt auch damit zusammen, dass für die Erzeugung von 100 kcal aus Fleisch rund 1.000 kcal aus Getreide verfüttert werden müssen. Vereinfacht lässt sich darum sagen: Fleischesser konsumieren mit jeder Portion Fleisch (unwissentlich) auch zehn Portionen Getreide. Würde dieses Getreide Menschen in ärmeren Regionen der Welt zur Verfügung stehen, ließe sich damit der Welthunger stoppen.

Vegetarisch leben für mehr Tierwohl

Wer vegetarisch lebt, entscheidet sich dafür, Verantwortung für seine Mitgeschöpfe zu übernehmen. Der Großteil des in Deutschland konsumierten Fleisches stammt aus industrieller Massentierhaltung. Gerade das wird von vielen Fleischkonsumenten oft ausgeblendet. Zwar entspricht das Fleisch aus industrieller Massentierhaltung meist den hierzulande geltenden Qualitäts- und Hygienestandards. Dennoch müssen rund zwei Milliarden Tiere, die meist kein tiergerechtes Leben fristen durften, in industrialisierten Schlachtbetrieben getötet werden. Bedenkt man, wie viele Tötungen dabei von einzelnen Betrieben pro Tag durchgeführt werden müssen, ist klar, dass diese nicht immer ethisch korrekt und ohne Stress und Qual für die Tiere ablaufen können.

Vegetarisches Essen schmeckt

Heute weiß fast jeder, dass Vegetarier nicht nur »Salat und Körner« essen müssen. Die vegetarische Küche ist abwechslungsreich, vielseitig und ausgewogen. Ganz nebenbei ist sie natürlich auch noch richtig lecker – das zeigen auch unsere 60 Veggie-Rezepte. Und für diejenigen, die auf Steak und Burger absolut nicht verzichten wollen, gibt es mittlerweile wie gesagt viele Fleischersatzprodukte – bei denen übrigens selbst die eingefleischtesten Fleischesser nicht mehr sagen können, ob sie nun Fleisch enthalten oder nicht.

Vegetarier »auf Probe« mit der Veggie-Challenge

Es gibt also viele gute Gründe dafür, einfach einmal einen Ausflug in die vegetarische Küchenwelt zu unternehmen. Das Beste daran: Bei unserer Challenge gibt es nur Gewinner! Vielleicht stellen so auch echte Fleischfans fest, dass eine vegetarische Ernährung nicht nur gut schmeckt, sondern auf Dauer auch gesünder und fitter macht. Und wer sieht, wie abwechslungsreich fleischlose Gerichte obendrein sein können, braucht vielleicht nicht mehr täglich Wurst oder Fleisch. Auch diejenigen, die später nicht komplett auf Fleisch verzichten, sondern ihren Konsum lediglich einschränken, können auf diese Weise der Umwelt und sich selbst etwas Gutes tun.

Selbst wer nach unserer Challenge also nicht zum Vegetarier, sondern nur zum Flexitarier wird und überwiegend, aber nicht vollkommen auf Fleisch verzichtet, hat bereits etwas geleistet und wird so zum Gewinner.

Und nun starten wir mit der Challenge! An jedem Tag bekommst du Tipps oder Wissenswertes zur fleischlosen Lebensweise und außerdem noch viele leckere vegetarische Rezeptvorschläge. Los geht's!

Die Challenge

Dein Challenge-Tag – Erklärung

Trage das Datum ein. Du kannst deine Challenge jederzeit starten.

Wissenswertes und Tipps zur vegetarischen Ernährung

Tag 21
Ist das Leben als Vegetarier teurer?

Datum: ....

Du denkst, der vegetarische Lebenstil sei automatisch mit hohen Ausgaben verbunden? Das stimmt nicht unbedingt. Zwar können besonders Markenprodukte, die einen Fleischersatz imitieren, teuer sein – doch diese stellen kein Muss in der vegetarischen Ernährung dar.

Inzwischen gibt es viele Unternehmen, die sich den Bedürfnissen der Vegetarier und Veganer widmen, weshalb du für bestimmte Nahrungsmittel – etwa Pflanzenmilch – nicht mehr ganz so tief in die Tasche greifen musst wie noch vor einigen Jahren.

Generell gilt: mit viel Getreide und Hülsenfrüchten kannst du in deiner täglichen Ernährung nichts falsch machen. Auch der Kauf von Gemüse und Früchten muss preislich nicht so stark ins Gewicht fallen, wie oft von vielen befürchtet. Das gefrorene Pendant ist oftmals günstiger und lang haltbar und schneidet dennoch bezüglich des Nährstoffgehalts nicht unbedingt schlechter ab als Frischware.

Für frisches Gemüse gibt es übrigens mittlerweile einige empfehlenswerte Lieferdienste, die großen Wert auf Saisonalität und Regionalität legen. Etwas Gutes wird zusätzlich getan, wenn deine Wahl auf eine Gemüsebox fällt, deren Inhalt nicht makellos aussieht, aber trotzdem eine hohe Qualität aufweist. So kannst du aktiv der Lebensmittelverschwendung entgegenwirken!

Mittlerweile hat es das Konzept vom günstigen Obst und Gemüse mit kleinen Makeln übrigens auch schon in einige Supermärkte geschafft. Halte nach diesen Angeboten Ausschau oder informiere dich einfach online darüber genauer.

Notizen mit Stimmungsskala: Wie war dein Tag heute? Was hast du heute gegessen? Wie hast du dich danach gefühlt?

Notizen zum Veggie-Tag:

Notizen: Platz für Gedanken zum Tag, Ideen, Glücksmomente

Rezepttipps für heute:

Frühstück:
Himbeer-Joghurt-Muffins (1–2 Stück pro Person)
S. xx

Mittagessen:
Burger mit Kichererbsen-Frikadellen
S. xx

Abendessen:
Gemüse-Zoodles
S. xx

Snack:
Apfel-Zimt-Grießbrei mit Mandelsplittern
S. xx

Dein vegetarischer Ernährungsplan mit leckeren Rezeptvorschlägen. Die Rezepte sind für 2 Portionen ausgelegt. Machst du die Challenge allein nur für dich, kannst du die Portionen anpassen, also die Zutaten halbieren. Oder du kochst das vorgegebene Rezept und planst die zweite Portion für den nächsten Tag. Je nach Vorlieben und Saison kannst du Rezepte austauschen oder Snacks hinzufügen. Nutze dazu einfach das Zutatenregister ab S. 190 und den Saisonkalender aus dem Bonusbereich zum Buch (www.die-veggie-challenge.de).

Tag 1

Worauf musst du bei einer vegetarischen Ernährung achten?

Datum: ____________________

Wer auf Fleisch verzichtet, muss bestimmte Nährstoffe und Vitamine über andere Lebensmittel zu sich nehmen. Wie sollte eine ausgewogene vegetarische Ernährung eigentlich aussehen?

Bei der Zusammenstellung der täglichen Mahlzeiten kann man sich an den Empfehlungen und der vegetarischen Ernährungspyramide des Vegetarierbunds Deutschland (VEBU) orientieren:

- Wasser und ungesüßte Getränke: jeden Tag mindestens 1–2 l
- Obst und Gemüse: täglich etwa 2 Portionen Obst (mindestens 300 g) und etwa 3 Portionen Gemüse (mindestens 400 g)
- Getreide und Kartoffeln: 2–3 Portionen täglich
- Hülsenfrüchte: 1–2 Portionen wöchentlich
- Eiweißprodukte: 50–150 g pro Tag
- Nüsse und Samen: 30–60 g täglich
- pflanzliche Öle: 2–4 EL pro Tag
- Milchprodukte: maximal 250 ml Milch oder Joghurt oder maximal 50 g Käse pro Tag
- Eier: maximal 2 Stück pro Woche
- Snacks, Alkohol und Süßigkeiten: für eine gesunde Ernährung nicht notwendig, können aber in Maßen durchaus verzehrt werden

So viel zur Theorie und zu den Empfehlungen. Auf den nächsten Seiten folgen Tipps zur praktischen Umsetzung. Zudem gibt es abwechslungsreiche und vielfältige Rezeptvorschläge für jeden Tag.

Notizen zum Veggie-Tag:

Rezepttipps für heute:

Frühstück:
Overnight Oats mit Himbeeren
S. 84

Mittagessen:
Sellerieschnitzel mit Blumenkohlpüree
S. 138

Abendessen:
Kerniges Brot mit Butter und Käsebelag sowie Tomaten (1–2 Scheiben Brot pro Person)
S. 176

Snack:
Aprikosen-Kokos-Energiebällchen
(2–3 Stück pro Person)
S. 172

Tag 2

Du denkst, jeder Vegetarier ist gleich? Nicht ganz!

Datum: ______________________

Personen, die auf die vegetarische Ernährung schwören, essen kein Fleisch – das ist richtig. Wenn wir an Vegetarismus denken, haben wir meist die sogenannten »Ovo-Lakto-Vegetarier« im Sinn. Das bedeutet im Klartext: Sie sagen nein zu Fleisch und Fisch, aber ja zu tierischen Produkten wie Eiern und Milch. Gleichzeitig gibt es kleine, aber feine Unterschiede unter den Ansichten und Verhaltensweisen der vegetarisch lebenden Mitmenschen. »Ovo-Vegetarier« beispielsweise verzichten zusätzlich zum Fleisch und Fisch auf Milchprodukte, essen jedoch Eier. »Lakto-Vegetarier« dagegen verzichten auf Fleisch, Fisch und Eier, konsumieren aber Milchprodukte. Sogenannte Pescetarier essen zwar ebenfalls kein Fleisch – Fisch kommt jedoch gelegentlich auf den Teller.

Die wohl strengste und auch bekannteste Art des Vegetarismus ist der Veganismus. Die vegane Ernährung zeichnet sich dadurch aus, gänzlich ohne tierische Produkte auszukommen. Milch, Käse, Honig und Co. sind tabu, genau wie Kleidung aus Wolle oder Federbetten.

Die Rezepte in diesem Buch kombinieren pflanzliche Lebensmittel mit Eiern und Milch, sind also für Ovo-Lakto-Vegetarier bestens geeignet. Für alle, die auf Milch und Milchprodukte verzichten möchten, gibt es mittlerweile eine große Auswahl an pflanzlichen Alternativen, wie Mandeldrink oder Sojajoghurt usw. Es besteht jederzeit die Möglichkeit, Zutaten gegen eine ähnliche Variante auszutauschen.

Beantworte dir die Frage: Auf welche Art und Weise möchtest du dich vegetarisch ernähren?

Notizen zum Veggie-Tag:

Rezepttipps für heute:

Frühstück:
Haferflocken-Waffeln
S. 86

Mittagessen:
Blumenkohl in Käsesoße
S. 137

Abendessen:
Kerniges Brot, mit ½ Avocado bestrichen, Salz, Pfeffer, Tomaten (1–2 Scheiben Brot pro Person)
S. 176

Snack:
Aprikosen-Kokos-Energiebällchen
(2–3 Stück pro Person)
S. 172

Tag 3

Warum möchtest du dich vegetarisch ernähren?

Datum: ______________________

Die Entscheidung, kein Fleisch mehr zu essen oder ganz auf tierische Produkte zu verzichten, wird meist nicht von heute auf morgen gefällt. Auch die Gründe können von Mensch zu Mensch variieren. Häufig ist es aber ein ganz bestimmter Antrieb, der eine Person dazu bringt: den Tieren Leid zu ersparen.

Wichtig ist es, sich im Vorfeld ausreichend mit dem Thema auseinanderzusetzen. Fürs Erste lohnt es sich, Bücher zu lesen, die sich mit der vegetarischen Ernährung und den Beweggründen dazu beschäftigen. Auch Dokumentationen über die Zustände in der Fleischindustrie oder die Gesundheitsvorteile eines vegetarischen Lebensstils können dir weiterhelfen. Motivierende Lektüre für Vegetarier ist dabei etwa das bekannte Sachbuch »*Tiere essen*« von Jonathan Safran Foer. Auch der Dokumentarfilm »*Earthlings*« motivierte bereits viele Menschen, auf tierische Produkte zu verzichten.

Sobald du mit der Thematik des vegetarischen Lebensstils vertraut bist, kristallisieren sich deine persönlichen Beweggründe heraus: Ist es der Umweltschutz? Ist es die eigene Gesundheit? Oder ist es die Liebe zu Tieren?

Schreibe dir heute deine persönlichen Gründe für eine vegetarische Ernährung auf.

Notizen zum Veggie-Tag:

Rezepttipps für heute:

Frühstück:
Gebackenes Porridge
S. 85

Mittagessen:
Schupfnudel-Champignon-Pfanne
S. 113

Abendessen:
Kerniges Brot, mit ½ Avocado bestrichen, Salz, Pfeffer, hart gekochte Eier (1–2 Scheiben Brot pro Person)
S. 176

Snack:
Aprikosen-Kokos-Energiebällchen (2–3 Stück pro Person)
S. 172

Tag 4

Hab keine Angst vor einem Proteinmangel

Datum: ______________________

Nach wie vor wird oft angenommen, dass eine vegetarische Ernährung einen Mangel insbesondere an Proteinen nach sich ziehen würde. Das stimmt allerdings nicht. Wer sich ausgewogen ernährt, kann seinen Proteinbedarf auch als Vegetarier spielend leicht decken. Entgegen vieler Vorurteile sind hierfür auch keine Nahrungsergänzungsmittel oder Pulver erforderlich.

Vielmehr ist es stattdessen möglich, seinen Proteinbedarf über den ausreichenden Konsum von Milchprodukten, Eiern, Hülsenfrüchten, vielen Getreidesorten sowie Nüssen, Kernen und Saaten zu decken. Magerquark oder Hüttenkäse etwa liefern rund 30 g Protein pro 250 g. Ein einziges Ei enthält etwa 7 g Protein. Doch auch Soja, Pilze oder Kartoffeln sind hervorragende Eiweißquellen.

Sehr gute pflanzliche Proteinquellen sind z. B.:

- **Nüsse:** Sie sind sehr proteinreich und beinhalten außerdem wertvolle Omega-3-Fettsäuren.
- **Hülsenfrüchte:** Linsen, Bohnen oder Erbsen weisen (je nach Sorte) bis zu 30 g Protein pro 100 g auf.
- **Gemüse:** Spinat enthält rund 2 g Protein pro 100 g, Brokkoli sogar ganze 3 g.
- **Sojaprodukte:** Tofu schlägt mit ungefähr 12 g Protein pro 100 g zu Buche.
- **Haferflocken:** Sie liefern etwa 13 g Protein pro 100 g.
- **Chiasamen:** Sie enthalten etwa 20 g Protein pro 100 g.
- **Quinoa:** Das Pseudogetreide liefert rund 15 g Protein pro 100 g.

Notizen zum Veggie-Tag:

Rezepttipps für heute:

Frühstück:
Gebackenes Porridge
S. 85

Mittagessen:
Quinoa-Gemüse-Bowl
S. 101

Abendessen:
Kerniges Brot (1–2 Scheiben pro Person), S. 176
Bunter Gemüsesalat, S. 106

Snack:
Schokopudding
S. 174

Tag 5

Dein Beitrag für weniger Tierleid

Datum: ______________________

Genau wie Menschen empfinden auch Tiere Angst und Schmerzen. Das gilt insbesondere dann, wenn sie in engen Käfigen gehalten und über lange Strecken zum Schlachthaus transportiert werden müssen. Zwar verhindert die vegetarische Ernährung dieses Tierleid nicht vollständig – trägt aber dazu bei, dass deutlich weniger Tiere leiden müssen.

Insbesondere Schweine würden davon profitieren, wenn sich mehr Menschen vegetarisch ernährten. Gerade sie werden nämlich als Schlachttiere gezüchtet und müssen das Abschneiden ihrer Ringelschwänze und betäubungslose Kastrationen über sich ergehen lassen. Dieses und ähnliches Tierleid ließe sich reduzieren, sofern mehr Menschen vegetarisch leben würden.

Notizen zum Veggie-Tag:

Rezepttipps für heute:

Frühstück:
Schoko-Haferflocken-Pancakes
S. 90

Mittagessen:
Kürbisrisotto
S. 126

Abendessen:
Apfel-Walnuss-Salat
S. 94

Snack:
Birnen-Schoko-Kuchen (1 Stück pro Person)
S. 167

Tag 6

So deckst du deinen Eisenbedarf

Datum: ______________________

Wer auf eine vegetarische Ernährung umsteigt, muss nicht nur darauf achten, seinen Proteinbedarf zu decken. Auch die Zufuhr von ausreichend Eisen ist bei der Umstellung wichtig. Schließlich decken die meisten Menschen, die sich omnivor ernähren, ihren Eisenbedarf durch Fleisch. Fällt dieses weg, kann es zum Problem werden, täglich so viel Eisen zu sich zu nehmen, wie der Körper braucht.

Allerdings lässt sich die Problematik leicht in den Griff bekommen. Zur Deckung des Eisenbedarfs reicht es nämlich meist aus, einfach etwas mehr grünes Gemüse auf den Speiseplan zu setzen. Fenchel, Spinat oder Mangold beispielsweise enthalten nämlich viel Eisen und machen es uns leicht, den Tagesbedarf von etwa 5 mg zu decken.

Eisengehalt in pflanzlichen Lebensmitteln (Angaben pro 100 g)	
Amaranth: 9 mg	Mangold: 2,7 mg
Chiasamen: 7,7 mg	Naturreis: 3,2 mg
Dinkel: 4,2 mg	Naturtofu: 5,4 mg
Fenchel: 2,7 mg	Petersilie: 6,2 mg
Haferflocken: 5,1 mg	Pistazien: 7,3 mg
Hanfsamen: 9,6 mg	Sesamsamen: 10 mg
Hirse: 6,9 mg	Sojabohnen: 6,6 mg
Kakaopulver: 12 mg	Sojahack: 11 mg
Kichererbsen: 6,1 mg	Sojamehl: 12 mg
Kidneybohnen: 8,2 mg	Sonnenblumenkerne: 6,3 mg
Kürbiskerne: 12 mg	Spinat: 4,1 mg
Leinsamen: 8,2 mg	Vollkornnudeln: 3,2 mg
Linsen: 8 mg	weiße Bohnen: 6,1 mg
Mandeln: 4,1 mg	Weizenkleie: 16 mg

Notizen zum Veggie-Tag:

Rezepttipps für heute:

Frühstück:
Erdbeershake
S. 185

Mittagessen:
Veggie-Hotdogs
S. 110

Abendessen:
Spinat-Omelette, dazu 2 Tomaten
S. 157

Snack:
Birnen-Schoko-Kuchen (1 Stück pro Person)
S. 167

Tag 7
Gegen die Zerstörung der Wälder

Datum: ______________________

Die Nachfrage nach Fleisch und Fleischprodukten ist weltweit betrachtet nach wie vor nahezu ungebrochen. Das führt dazu, dass in vielen Teilen der Welt Waldflächen gerodet werden müssen. Allerdings werden die Waldflächen dabei nicht zerstört, um Weideland für Tiere zu schaffen. Vielmehr geschieht es, um dort Futtermittel für Masttiere anbauen zu können. Hinzu kommt, dass das Futter nicht sehr klimafreundlich erst noch nach Europa geliefert wird, bevor es zum Einsatz kommt.

Würden mehr Menschen auf Fleisch verzichten, wäre es möglich, auf die Rodung vieler Wälder zu verzichten. Schließlich würden dann auch die in Deutschland vorhandenen Flächen – wenn sie nicht mehr als Tierweiden genutzt werden – zum Anbau ausreichender Mengen an pflanzlichen Lebensmitteln für Menschen zur Verfügung stehen.

Notizen zum Veggie-Tag:

Rezepttipps für heute:

Frühstück:
Heidelbeer-Frühstückskuchen (1–2 Scheiben pro Person)
S. 89

Mittagessen:
Karotten-Fenchel-Gemüse mit Reis
S. 117

Abendessen:
Rotkohlsuppe
S. 105

Snack:
Birnen-Schoko-Kuchen (1 Stück pro Person)
S. 167

Tag 8

Baue Nüsse, Hülsenfrüchte und Saaten in deine Ernährung ein

Datum: ______________________

Wer damit beginnt, sich vegetarisch zu ernähren, stellt ganz automatisch seine Ernährung auch langfristig um. Allerdings dauert es meist einige Zeit, bis sich neue Ernährungsgewohnheiten auf wirklich ausgewogene Weise eingependelt haben. Wird zu Beginn der Umstellung darum lediglich Fleisch vom Speiseplan gestrichen und sonst keinerlei Veränderung vorgenommen, kann das zu einem Mangel an bestimmten Nährstoffen führen.

Wer auf eine vegetarische Ernährung umsteigt, sollte darum darauf achten, auch Nüsse, Kerne, Hülsenfrüchte und Saaten in seinen Ernährungsplan aufzunehmen.

So kann einem Nährstoffmangel vorgebeugt und trotz des Fleischverzichts eine ausreichende Proteinzufuhr sichergestellt werden.

Um Nüsse, Kerne und Saaten täglich in deine Ernährung einzubauen kannst du dir z. B. deinen eigenen Knabber-Mix erstellen. Das geht so:

Knabber-Mix aus Nüssen, Kernen und Saaten

Zutaten:
30 g Kürbiskerne
30 g Sonnenblumenkerne
20 g Leinsamen
20 g Sesamsamen
50 g Walnüsse (gehackt oder Bruch)

Zutaten zusammenmischen und in ein Glas abfüllen. Davon täglich 1 EL ins Müsli, in den Fruchtquark, ins Joghurt, in den Salat oder Obstsalat geben.

Du kannst diesen Knabber-Mix beliebig variieren, etwa mit Cashewkernen, Haselnüssen, Chiasamen, Mandelsplittern. Deiner Fantasie sind hier kaum Grenzen gesetzt.

Notizen zum Veggie-Tag:

Rezepttipps für heute:

Frühstück:
Heidelbeer-Frühstückskuchen
(1-2 Scheiben pro Person)
S. 89

Mittagessen:
Gebratener Fenchel mit Joghurtsoße
S. 145

Abendessen:
Kartoffelsalat mit Spargel, Radieschen und Ei
S. 97

Snack:
Birnen-Schoko-Kuchen (1 Stück pro Person)
S. 167

Tag 9

Hülsenfrüchte – warum du sie essen solltest

Datum: ______________________

Hülsenfrüchte sind Samen von Pflanzen, die in einer Hülse herangereift sind. Zu den bekanntesten zählen Bohnen (z.B. Kidneybohnen, dicke Bohnen, weiße Bohnen, Sojabohnen), Erbsen, Linsen (z.B. Belugalinsen, rote Linsen, Tellerlinsen) und Lupinen. Sie sind wahre Mineralstoff- und Vitaminbomben und liefern neben Kalium und Folsäure auch wichtige Vitamin-B-Komplexe. So verbessern sie nicht nur die Darmgesundheit und den Cholesterinspiegel, sondern haben auch einen positiven Einfluss auf den Blutdruck. Der Vorteil für Vegetarier: Kaum ein anderes pflanzliches Lebensmittel wartet mit einem so hohen Eiweißanteil auf wie Hülsenfrüchte. Bohnen und Linsen enthalten zwischen 20–40 % Eiweiß. Entgegen des sich hartnäckig haltenden Mythos ist pflanzliches Protein keineswegs unzureichend oder für den menschlichen Organismus schlechter verwertbar. Das meiste pflanzliche Eiweiß enthalten dabei übrigens Lupinen, Sojabohnen, Erdnüsse und Linsen.

Proteingehalt in Hülsenfrüchten (Angaben pro 100 g)	
Lupinen	36 g
Sojabohnen	34 g
Erdnüsse	26 g
Linsen	24 g
Kidneybohnen	22 g
Weiße Bohnen	21 g
Kichererbsen	19 g

Doch nicht nur der Proteingehalt macht Hülsenfrüchte zu einem vielversprechenden Begleiter der vegetarischen Ernährung. Sie trumpfen zudem mit einem hohen Anteil an Ballaststoffen auf, die für eine gesunde Verdauung eine wichtige Rolle spielen. Im Darm binden sie Flüssigkeit, quellen auf und sorgen für ein lang anhaltendes Sättigungsgefühl.

Darum gibt's heute gleich Veggie-Balls aus Kidneybohnen in Tomatensoße zu Mittag!

Notizen zum Veggie-Tag:

Rezepttipps für heute:

Frühstück:
Heidelbeer-Frühstückskuchen
(1-2 Scheiben pro Person)
S. 89

Mittagessen:
Veggie-Balls in Tomatensoße (dazu nach Belieben gekochte Kartoffeln)
S. 146

Abendessen:
Grüne Spargel-Champignon-Pfanne
S. 150

Snack:
Erdbeershake
S. 185

Tag 10

Dein Beitrag zu weniger Energie- und Wasserverbrauch

Datum: ______________________

Die Haltung von Nutztieren ist extrem energie- und wasseraufwendig. Für die Produktion von nur 1 kg verbrauchsfertigem Rindfleisch werden allein rund 15.000 l Wasser aufgewendet. Hinzu kommt außerdem, dass die Schlachtung sowie die Stallhaltung von Nutztieren enorm energieaufwendig sind.

Würden sich mehr Menschen dafür entscheiden, kein Fleisch mehr zu essen, würden sowohl Wasser als auch Energie nicht mehr für die Zucht, den Transport und das Töten von Tieren aufgewendet werden. So ließe sich eine große Menge an Ressourcen sparen – und gleichzeitig Tierleid lindern.

Notizen zum Veggie-Tag:

Rezepttipps für heute:

Frühstück:
Heidelbeer-Frühstückskuchen
(1–2 Scheiben pro Person)
S. 89

Mittagessen:
Scrambled Tofu
S. 159

Abendessen:
Kohlrabi mit Couscous-Pilz-Füllung
S. 114

Snack:
Schokopudding
S. 174

Tag 11

Kaufe nicht planlos ein

Datum: ____________________

Wer sich an eine neue Ernährungsform gewöhnen möchte, sollte nicht planlos oder hungrig einkaufen gehen. Studien belegen nämlich, dass hungrige Menschen oft von guten Vorsätzen abweichen und eher ungesund oder kalorienreicher einkaufen. Es ist wahrscheinlicher, ohne Einkaufsliste und mit knurrendem Magen wieder in alte Ernährungsmuster zurückzufallen.

Möchtest du dich vegetarisch ernähren, ist es darum sinnvoller, bedacht und mit gut gefülltem Magen einzukaufen. Erstelle dir eine Einkaufsliste und gehe entspannt und satt in den Supermarkt. So fällt es gleich viel leichter, bei der gewählten Ernährungsweise zu bleiben.

Übrigens: Ein angenehmer Nebeneffekt des planvollen Einkaufens ist es, dass sich so auch noch Geld sparen lässt. Wer nämlich mit einer Einkaufsliste in den Supermarkt geht, greift seltener zu Produkten, die er eigentlich gar nicht braucht.

10 vegetarische Lebensmittel, die man als Grundvorrat zu Hause haben sollte:

- getrocknete Linsen
- Kichererbsen (Konserve)
- TK-Gemüse und TK-Kräuter
- TK-Früchte
- Quinoa
- Naturreis
- Nudeln
- Bohnen (Konserve), z. B. Kidneybohnen, weiße Bohnen
- gehackte Tomaten (Konserve)
- Kokosmilch

Im Bonusbereich zum Buch – unter www.die-veggie-challenge.de – kannst du dir eine vegetarische Einkaufs- und Vorratsliste kostenlos herunterladen.

Notizen zum Veggie-Tag:

Rezepttipps für heute:

Frühstück:
Brokkoli-Frittata
S. 153

Mittagessen:
Spaghetti Carbonara mit Räuchertofu
S. 133

Abendessen:
Brokkoli-Kohlrabi-Gratin
S. 163

Snack:
Himbeer-Joghurt-Muffins (1–2 Stück pro Person)
S. 171

Tag 12

Fleischlos stark gegen Luftverschmutzung

Datum: ______________________

Landwirtschaftliche Tierhaltung belastet die Umwelt stark. Allerdings belastet sie dabei nicht nur die Artenvielfalt und verschmutzt und verbraucht viel Wasser. Auch intensive Luftverschmutzung geht mit ihr einher. Schließlich werden durch Tierhaltung Feinstaub und viele weitere schädliche Gase und Stoffe produziert. Selbstverständlich gelangen diese dabei auch in unsere Atemluft und Atmosphäre. Ein Beispiel hierfür: Das ausgestoßene giftige Ammoniak stammt innerhalb Europas zum weit überwiegenden Teil aus der Landwirtschaft: Die Landwirtschaft und insbesondere die Tierhaltung produzieren etwa 90 % des ausgestoßenen Ammoniaks. Würden sich mehr Menschen fleischfrei ernähren, könnte die Luftverschmutzung erheblich reduziert werden.

Notizen zum Veggie-Tag:

Rezepttipps für heute:

Frühstück:
Knusperpflaumen
S. 80

Mittagessen:
Mit Quinoa gefüllte Aubergine
S. 118

Abendessen:
Eiermuffins (1–2 Stück pro Person)
S. 164

Snack:
Himbeer-Joghurt-Muffins (1–2 Stück pro Person)
S. 171

Tag 13

Greife auf Fleischersatzprodukte zurück

Datum: ______________________

Viele Menschen, die auf eine vegetarische Ernährung umsteigen, haben gelegentlich das Gefühl, auf etwas verzichten zu müssen. Das ist absolut normal und kein Grund, sich schuldig zu fühlen.

Mittlerweile gibt es zum Glück viele Alternativprodukte, wie etwa Sojawurst, Burgerpatties aus Erbsenprotein oder andere Fleischersatzprodukte, die sich wie Fleisch zubereiten lassen. Oft schmecken diese Produkte zwar nicht genau wie Fleisch – ihr deftiger Geschmack und oft auch ihre Konsistenz sind allerdings sehr ähnlich.

Hier ein Überblick über beliebte Fleischalternativen:

1. Tofu
Bekannt aus der traditionellen asiatischen Küche ist Tofu ein vielseitiges Lebensmittel auf Sojabasis, das als Klassiker unter den fleischlosen Alternativen gilt. Ungewürzt schmeckt das Sojaprodukt eher fade, weshalb eine ordentliche Würzung oder Marinade Grundlage für ein gutes Geschmackserlebnis ist.

2. Seitan
Das mit Abstand authentischste Geschmackserlebnis bietet Seitan, der ebenfalls aus der asiatischen Küche stammt und auf Weizeneiweiß basiert. Konsumenten schätzen seine fleischähnliche und bissfeste Textur.

3. Tempeh
Das traditionelle indonesische Nahrungsmittel besteht aus gekochten und fermentierten Sojabohnen. Durch die Fermentierung mit speziellen Bakterienkulturen ist das Protein der Bohnen besonders gut bekömmlich.

4. Fertigprodukte
Egal ob vegane Burger, Fertigschnitzel oder pflanzliche Nuggets – nicht immer halten Fleischersatzprodukte, was sie versprechen. Zwar sind sie schnell zubereitet und imitieren das Aussehen, den Geschmack und die Konsistenz von Fleisch erstaunlich gut, doch lassen sich häufig unerwünschte, fragwürdige Zusatzstoffe in den Produkten nachweisen. Hier gilt also: Lebensmitteletiketten immer genau lesen.

Notizen zum Veggie-Tag:

Rezepttipps für heute:

Frühstück:
Karotten-Sellerie-Smoothie
S. 184

Mittagessen:
Kohleintopf mit veganem Hack
S. 134

Abendessen:
Apfel-Zimt-Grießbrei mit Mandelsplittern
S. 83

Snack:
Schnelles Beeren-Joghurt-Eis
S. 173

Tag 14

Koche saisonal und regional

Datum: ______________________

Die Verwendung von regionalen Lebensmitteln schont Ressourcen und schützt das Klima. Schließlich müssen in der Umgebung wachsende Lebensmittel nicht mit großen Frachtschiffen importiert werden. Zudem bedeutet das saisonale und regionale Kochen eine Investition in die eigene Gesundheit, denn die Produkte müssen nicht unreif geerntet und in mit Weichmachern versetzten Kunststoffen verpackt werden, um einen langen Transportweg anzutreten. Wer sich auf ein Erdbeerfeld begibt, um die Früchte dort selbst zu ernten, wird schnell feststellen: Mit den Angeboten im Supermarkt haben diese Beeren geschmacklich nicht viel zu tun.

Auch im Winter ist es möglich, sich regional zu ernähren, denn es gibt genug Gemüse, das auch zur kalten Jahreszeit in Mitteleuropa heranwächst, z. B. die unterschiedlichsten Kohlsorten, die sich für schmackhafte Eintöpfe anbieten. Spitzkohl, Grünkohl oder Wirsing enthalten zahlreiche Vitamine und Mineralstoffe, die unserem Organismus die nötigen Abwehrkräfte für die frostigen Tage verleihen.

Nicht zuletzt lässt sich durch eine regionale und saisonale Ernährung auch bares Geld sparen. Es gibt einen guten Grund dafür, weshalb die klassische Salatgurke im Sommer lediglich 40 Cent kostet, im Winter jedoch oft nur für mehr als das Doppelte zu haben ist. Erschwerte Wuchsbedingungen, Transport- und Lagerkosten rechtfertigen den Preis. Unreif in Spanien oder einem anderen Land geerntet, muss sie den Weg nach Deutschland antreten, um hier teuer angeboten werden zu können.

Tipp:

Regional und saisonal kochen bedeutet nicht unbedingt, dass man auf alles verzichten muss, was gerade keine Saison hat. Viele Gemüsesorten können im Sommer eingekauft und süß oder sauer eingelegt werden. Dann öffnet man im Winter einfach ein leckeres Glas Sommergemüse, ohne zu tief in die eigene Tasche greifen zu müssen.

Eine Übersicht für saisonales und regionales Obst und Gemüse zum Ausdrucken gibt es im Bonusbereich zum Buch unter www.die-veggie-challenge.de.

Notizen zum Veggie-Tag:

Rezepttipps für heute:

Frühstück:
Rosinenbrötchen (1–2 Stück pro Person) mit Butter/Margarine, Marmelade
S. 177

Mittagessen:
Fettuccine mit Brokkolisoße
S. 158

Abendessen:
Kürbis-Rührei
S. 160

Snack:
Schokoshake
S. 186

Tag 15

Von der Schale bis zum Stängel – so kannst du alles verwerten

Datum: ______________________

Viele Gemüsesorten wie Gurken, Karotten oder Zucchini werden an den Enden gekappt. Genau diese Stücke eignen sich jedoch hervorragend, um in einen leckeren und gesunden Smoothie gemixt zu werden. Generell können die meisten Obst- und Gemüsesorten – sofern sie Bioqualität haben – ganzheitlich verwendet werden und es müssen keine Reste achtlos im Hausmüll landen. Selbst Sterneköche gehen dabei mit gutem Beispiel voran: Schalen von etwa Karotten, Sellerie, Radieschen oder Kohlrabi werden nicht einfach entsorgt, sie wandern in den Topf. Daraus wird z. B. eine Gemüsebrühe gekocht, die mit dem gekörnten Pulver aus den Supermarktregalen absolut nicht zu vergleichen ist.

Gemüseschalen lassen sich aber auch separat gut verwerten, um der Lebensmittelverschwendung Einhalt zu gebieten. So können beispielsweise holzige Spargelschalen gedünstet werden und anschließend im Blender zu einer schmackhaften Spargelcremesuppe verarbeitet werden.

Blitztipps zur Verwertung von Gemüseresten:

- Blumenkohlstrunk in Stücke schneiden, kochen und zu Blumenkohlpüree verarbeiten
- Apfelschalen trocknen, mit losem Früchtetee vermischen und fertig ist leckerer Apfeltee
- Kohlrabiblätter hacken und in Kartoffelpüree oder Kartoffelsalat mischen
- leckere Kräuterbutter herstellen: dafür 100 g Kräuterreste (z. B. Karottengrün, Fenchelgrün, Kohlrabiblätter) mit 250 g Butter und ½ TL Salz vermischen.

Weitere Ideen gibt es in meinem Buch *Zero Waste Kitchen. Kochen statt wegwerfen – Kreative Rezepte für Obst- und Gemüsereste, riva 2018.*

Notizen zum Veggie-Tag:

Rezepttipps für heute:

Frühstück:
Rosinenbrötchen (1–2 Stück pro Person), S. 177
dazu Sellerie-Karotten-Aufstrich, S. 180

Mittagessen:
Sellerieschnitzel mit Blumenkohlpüree
S. 138

Abendessen:
Tortilla-Wraps mit mexikanischer Füllung
S. 130

Snack:
Gebackene Apfel-Zimt-Bällchen
(3–5 Stück pro Person)
S. 168

Tag 16
So verzichtest du auf ungewollte Medikamente

Datum: ______________________

Auch in Deutschland werden Nutztiere mit Medikamenten behandelt – das ist bekannt. Problematisch ist daran allerdings, dass Tieren nicht nur dann Antibiotika verabreicht wird, wenn sie wirklich krank sind. Vielmehr erhalten viele Tiere prophylaktisch Antibiotika und andere Medikamente. Dadurch soll es möglich sein, insbesondere in der konventionellen Massentierhaltung, die auf engstem Raum stattfindet, der schnellen Verbreitung von Krankheiten vorzubeugen. Die Problematik dahinter: Findet eine Medikamentengabe quasi durchgehend statt, können sich Medikamentenrückstände im Tiergewebe ablagern. Auch im Fleisch der Tiere sind diese dann noch vorhanden und werden beim Verzehr natürlich von uns mit aufgenommen.

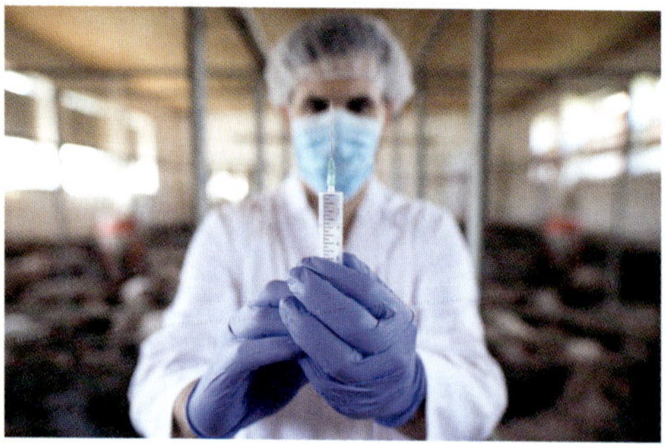

Der ungewollte Medikamentenkonsum kann beim Menschen zu ernsthaften gesundheitlichen Problemen führen. So können nicht nur die Darmflora geschädigt und allergische Reaktionen hervorgerufen werden. Vielmehr können auch Resistenzen entstehen, die dazu führen, dass verabreichte Antibiotika im Krankheitsfall schlechter oder gar nicht wirken.

Notizen zum Veggie-Tag:

Rezepttipps für heute:

Frühstück:
Rosinenbrötchen (1–2 Stück pro Person)
mit Butter/Margarine, Marmelade
S. 177

Mittagessen:
Lasagne mit Tofu-Bolognese
S. 129

Abendessen:
Petersilienwurzelsuppe
S. 102

Snack:
Gebackene Apfel-Zimt-Bällchen
(3–5 Stück pro Person)
S. 168

Tag 17

Verwandle alte Rezepte in vegetarische Leckereien

Datum: ______________________

Selbstverständlich musst du nicht jeden Tag frisch kochen, um Vegetarier werden zu können. Nichtsdestotrotz kann dir das Kochen dabei helfen, die Vielfalt vegetarischer Gerichte besser kennenzulernen. Nach und nach lernst du neue Zutaten und Zubereitungsarten kennen und findest sicherlich Spaß an der fleischfreien Küche.

Ist deine Kreativität erst mal geweckt, fallen dir vegetarische Abwandlungen altbekannter Lieblingsgerichte dadurch bald ganz von allein ein. So lässt sich eine leckere Lasagne beispielsweise auch mit Tofu (wie für heute Mittag), Linsen oder Sojaschnetzeln statt mit Fleisch zubereiten.

Hier ist ein einfaches Rezept für **Linsenbolognese** (2 Portionen):

Zutaten:
120 g rote, getrocknete Linsen
1 Schalotte oder kleine Zwiebel
1 Karotte
1 TL Öl (z. B. Rapsöl)
1 Dose gehackte Tomaten (ca. 400 g)
1 EL Tomatenmark
350 ml Gemüsebrühe
1 TL gehackte Kräuter (z. B. Petersilie aus dem Kräutertopf oder TK)
Salz, Pfeffer
Paprikapulver (edelsüß und rosenscharf)

1. Linsen in einem Sieb durchspülen und abtropfen lassen. Schalotte abziehen und fein hacken. Karotte waschen, schälen und in kleine Würfel schneiden.
2. Öl in einem Topf erhitzen, Schalotten und Karottenwürfel darin etwa 2 Minuten andünsten.
3. Gehackte Tomaten, Tomatenmark und Gemüsebrühe darin aufkochen lassen. Linsen, Kräuter und Gewürze hinzugeben und ca. 25 Minuten köcheln lassen, bis die Linsen gar sind. Evtl. noch etwas Gemüsebrühe nachgießen. Mit Gewürzen abschmecken und mit Nudeln genießen.

Notizen zum Veggie-Tag:

Rezepttipps für heute:

Frühstück:
Müsliriegel (1–2 Stück pro Person)
S. 79

Mittagessen:
Lasagne mit Tofu-Bolognese
S. 129

Abendessen:
Buntes Ofengemüse vom Blech mit Radieschen-Quark-Dip
S. 141

Snack:
Gebackene Apfel-Zimt-Bällchen (3–5 Stück pro Person)
S. 168

Tag 18

Probiere die internationale Veggie-Küche aus

Datum: ______________________

Wer sich international umschaut, wird feststellen, dass viele Lieblingsgerichte auch in anderen Ländern ganz ohne Fleisch auskommen. Das ist etwa bei italienischer Pasta der Fall. Gleiches gilt für indische oder thailändische Currys – all diese Gerichte sind nämlich oft ganz ohne Fleisch zubereitet und überzeugen dennoch sogar Fleischfans.

Hier ein kleiner Ausflug in ausländische Küchen:

arabisch: Couscous-Salat, Falafel, Tabbouleh, Hummus

asiatisch: vegetarische Thai-Currys, vegetarische Frühlingsrollen, Veggie-Sushi

indisch: vegetarische Currys, Dal (Linsengericht)

italienisch: Minestrone (Gemüsesuppe), Bruschetta, Pasta Arrabiata oder Napoli

mexikanisch: Guacomole (Avocado-Dip), Pozole (Maiseintopf), vegetarische Tortillas

spanisch: Gemüse-Paella, klassische Tortilla, Patatas alioli oder Patatas bravas (gebratene Kartoffeln mit Knoblauchmayonnaise oder scharfer Tomatensoße)

Genieß doch einmal ein leckeres Veggie-Gericht aus der internationalen Küche. Geh in ein Restaurant oder hol dir die Leckereien für ein nettes Dinner mit Freunden nach Hause.

Oder koch selbst internationale Rezepte! Wie wäre es z. B. mittags mit einem leckeren Veggie-Curry und abends mit einem scharfen Curry-Linsen-Aufstrich auf selbst gemachtem Fladenbrot?

Notizen zum Veggie-Tag:

Rezepttipps für heute:

Frühstück:
Müsliriegel (1–2 Stück pro Person)
S. 79

Mittagessen:
Blumenkohl-Kichererbsen-Curry mit Reis
S. 125

Abendessen:
Fladenbrot aus der Pfanne, S. 178
dazu scharfer Curry-Linsen-Aufstrich, S. 181

Snack:
Stangensellerie-Petersilien-Smoothie
S. 187

Tag 19
Lust auf vegetarische Wurst?

Datum: ______________________

Manchmal fällt es schwer, neue Gewohnheiten zu entwickeln. Wer früher am Abend gerne ein Wurstbrot gegessen hat, neigt beim Umstieg auf eine vegetarische Ernährung dazu, dieses einfach gegen ein Käsebrot auszutauschen. Sofern Käsebrote aber nicht dein absolutes Lieblingsessen sind, wird der Umstieg auf diese Weise schnell ziemlich langweilig. Allerdings ist das kein Grund zum Aufgeben. Vielmehr sollte die evtl. aufkommende Langeweile einen Ansporn geben, die Vielfalt der vegetarischen Küche endlich zu entdecken.

Im Kühlregal gibt es bereits viele Veggie-Wurst-Angebote, die du einkaufen kannst. Heute zeige ich dir ein einfaches Rezept, wie du vegetarische Streichwurst selbst machen kannst.

Vegetarische »Leberwurst«

(ca. 4 Portionen)

Zutaten:

125 g Kidneybohnen
1 Schalotte
2 Stängel Petersilie
2 EL Öl (z. B. Rapsöl)
1 TL getr. Majoran
100 g Räuchertofu
½ TL mittelscharfer Senf
½ TL Salz
Pfeffer
1–2 EL Gemüsebrühe oder Wasser

1. Kidneybohnen durchspülen und abtropfen lassen. Schalotte abziehen und fein hacken. Petersilie waschen, trocken schütteln und ebenfalls hacken.
2. Öl in einer Pfanne erhitzen, Zwiebeln, Petersilie und Majoran hinzufügen und alles 3 Minuten andünsten, dann abkühlen lassen.
3. Räuchertofu in Würfel schneiden. Zusammen mit allen restlichen Zutaten in eine Küchenmaschine geben und zu einem Brei zerkleinern. Evtl. 1–2 EL Gemüsebrühe zum besseren Pürieren hinzufügen. Mit Salz und Pfeffer abschmecken.

Dieser Aufstrich schmeckt lecker auf dem Fladenbrot aus der Pfanne (S. 178) und ist heute gleich als Abendessen geplant.

Notizen zum Veggie-Tag:

Rezepttipps für heute:

Frühstück:
Müsliriegel (1–2 Stück pro Person)
S. 79

Mittagessen:
Blumenkohl in Käsesoße
S. 137

Abendessen:
Fladenbrot aus der Pfanne, S. 178
dazu vegetarische »Leberwurst«, S. 52

Snack:
Schokopudding
S. 174

Tag 20
Artenvielfalt erhalten durch weniger Fleischkonsum

Datum: ______________________

Um Tierfutter anzubauen, werden überall auf der Welt Wälder abgeholzt. Artenreiche Regenwälder sind hiervon besonders stark betroffen. Quasi ungebremst werden sie mittlerweile zerstört, um die frei gewordene Fläche als Weideland oder zum Futtermittelanbau nutzen zu können. Das wirkt sich nicht nur extrem schlecht auf das Klima aus, sondern vernichtet auch den Lebensraum vieler, teilweise sogar unentdeckter Tierarten. Zusätzlich dazu werden Futtermittel für Tiere im Rahmen der industriellen Landwirtschaft hergestellt. Diese arbeitet meist mit Monokulturen und lässt auch hierdurch wenig Platz für Artenvielfalt. Würden mehr Menschen auf Fleisch verzichten, ließe sich das Artensterben allein hierdurch stark begrenzen.

Notizen zum Veggie-Tag:

☺ ☺ ☺ ☹ ☹

Rezepttipps für heute:

Frühstück:
Himbeer-Joghurt-Muffins (1–2 Stück pro Person)
S. 171

Mittagessen:
Spätzle mit Wirsing-Champignon-Soße
S. 109

Abendessen:
Karottenpuffer, S. 162
dazu Apfelmus oder Kräuterquark

Snack:
Apfel-Walnuss-Salat
S. 94

Tag 21

Ist das Leben als Vegetarier teurer?

Datum: ______________________

Du denkst, der vegetarische Lebensstil sei automatisch mit hohen Ausgaben verbunden? Das stimmt nicht unbedingt. Zwar können besonders Markenprodukte, die einen Fleischersatz imitieren, teuer sein – doch diese stellen kein Muss in der vegetarischen Ernährung dar.

Inzwischen gibt es viele Unternehmen, die sich den Bedürfnissen der Vegetarier und Veganer widmen, weshalb du für bestimmte Nahrungsmittel – etwa Pflanzenmilch – nicht mehr ganz so tief in die Tasche greifen musst wie noch vor einigen Jahren.

Generell gilt: Mit viel Getreide und Hülsenfrüchten kannst du in deiner täglichen Ernährung nichts falsch machen. Auch der Kauf von Gemüse und Früchten muss preislich nicht so stark ins Gewicht fallen, wie oft von vielen befürchtet. Das gefrorene Pendant ist oftmals günstiger und lang haltbar und schneidet dennoch bezüglich des Nährstoffgehalts nicht unbedingt schlechter ab als Frischware.

Für frisches Gemüse gibt es übrigens mittlerweile einige empfehlenswerte Lieferdienste, die großen Wert auf Saisonalität und Regionalität legen. Etwas Gutes wird zusätzlich getan, wenn deine Wahl auf eine Gemüsebox fällt, deren Inhalt nicht makellos aussieht, aber trotzdem eine hohe Qualität aufweist. So kannst du aktiv der Lebensmittelverschwendung entgegenwirken!

Mittlerweile hat es das Konzept vom günstigen Obst und Gemüse mit kleinen Makeln übrigens auch schon in einige Supermärkte geschafft. Halte nach diesen Angeboten Ausschau oder informiere dich einfach online genauer darüber.

Notizen zum Veggie-Tag:

Rezepttipps für heute:

Frühstück:
Himbeer-Joghurt-Muffins (1–2 Stück pro Person)
S. 171

Mittagessen:
Burger mit Kichererbsen-Frikadellen
S. 149

Abendessen:
Gemüse-Zoodles
S. 161

Snack:
Apfel-Zimt-Grießbrei mit Mandelsplittern
S. 83

Tag 22
Entdecke Rohkost

Datum: ______________________

Wer versucht, sich vegetarisch zu ernähren, hat gerade zu Beginn der Umstellung manchmal Lust auf Fleisch und Wurst. Nicht selten wird diese »Ernährungslücke« dann mit anderen herzhaften Lebensmitteln gefüllt, die die Lust auf Nichtvegetarisches vertreiben sollen. Leider zählen zu diesen nicht selten Chips und andere besonders kalorienreiche Snacks. Selbstverständlich sind diese (meist) frei von tierischen Inhaltsstoffen – gleichzeitig sind sie aber auch ziemlich ungesund und fettreich.

Wie wäre es daher, anstelle von Chips und salzigem Popcorn einfach einmal etwas Rohkost zu probieren? Paprika, Karotte, Gurke und Co. sind nämlich nicht nur besonders vitalstoffreich. Sie sind auch vergleichsweise herzhaft und können die Lust auf Fleisch ebenfalls vertreiben.
Also: Gemüsesticks und Rote-Bete-Dip von S. 182 vorbereiten – und fertig ist der gesunde Knabbergenuss.

Notizen zum Veggie-Tag:

Rezepttipps für heute:

Frühstück:
Overnight Oats mit Himbeeren
S. 84

Mittagessen:
Linsen-Feta-Bällchen mit Couscous und Paprikasoße
S. 121

Abendessen:
Kartoffelauflauf
S. 142

Snack:
Rohkost wie Sticks aus Karotten und Salatgurken, dazu Rote-Bete-Dip
S. 182

Tag 23

Dein Beitrag gegen die zunehmende Wasserverschmutzung

Datum: ______________________

Für die Fleischproduktion müssen jeden Tag große Mengen an Wasser aufgewendet werden. Zusätzlich dazu wird Wasser verschmutzt, das für die Produktion nicht verwendet wird.

Wasserverschmutzungen treten sowohl bei der Futtermittelproduktion als auch bei der Tierzucht auf. Schließlich verschmutzen Gülle, Herbizide, Pestizide und auch die vielen Medikamente, die bei der Tierzucht zum Einsatz kommen, täglich das Trinkwasser.

Grund hierfür ist, dass die auftretenden Verunreinigungen nicht vollständig durch Kläranlagen gefiltert werden können oder sogar direkt ins Grundwasser gelangen. Auf diese Weise werden sowohl Menge als auch Qualität des Trinkwassers beeinträchtigt.

Als Vegetarier trägst du also mehrfach dazu bei, das wichtige Gut »Wasser« zu schützen.

Notizen zum Veggie-Tag:

Rezepttipps für heute:

Frühstück:
Gebackenes Porridge
S. 85

Mittagessen:
Kohlrouladen in Tomatensoße
S. 122

Abendessen:
Spinat-Omelette
S. 157

Snack:
Schokoshake
S. 186

Tag 24
Daran erkennst du vegetarische Produkte

Datum: ______________________

Dass Vegetarier auf Fleisch verzichten, ist klar – doch leider gibt es in vielen Produkten diverse Zusatzstoffe, bei denen im ersten Moment nicht deutlich wird, dass auch hierfür ein Tier sterben musste. Am besten achtet man auf das charakteristische gelbe »V«, das vegetarische oder sogar vegane Produkte kennzeichnet. Auch sonst lohnt sich ein Blick auf die Zutatenliste. Problematisch ist vor allem Gelatine, die aus Bindegewebe vom Schwein hergestellt wird. Diese befindet sich sogar in vermeintlich vegetarischen Produkten wie manchen Cornflakes wieder. Auch hinter den unscheinbaren E-Nummern kann sich ein tierischer Hintergrund verbergen.

5 Produkte, bei denen du genauer hinschauen solltest:

- Parmesankäse: Viele Sorten werden mit tierischem Lab (aus den Mägen von Kälbern) erzeugt, sind also streng genommen nicht vegetarisch. Es gibt aber auch vegetarische Sorten, die mit mikrobiellem Lab aus Schimmelpilzen erzeugt werden.
- Pesto: In Pesto ist oft Parmesankäse, der nicht vegetarisch ist.
- Frischkäse: Bei Frischkäse wird oft Gelatine als Verdickungsmittel eingesetzt.
- Joghurts: Die Cremigkeit mancher Joghurts (meist die kalorienarmen Varianten) wird oft nur durch das Beimengen von Gelatine erreicht.
- Brötchen, Brot und Brezeln: Backwaren werden in einigen Bäckereien oder Produktionsstätten mit Schweineschmalz gebacken und sind daher nicht vegetarisch.

Generell gilt: Wer sich vor dem Kauf informiert und die Etiketten genauer betrachtet, ist auf der sicheren Seite.

Notizen zum Veggie-Tag:

Rezepttipps für heute:

Frühstück:
Gebackenes Porridge
S. 85

Mittagessen:
Kartoffel-Paprika-Gulasch
S. 154

Abendessen:
Gemüsenudel-Salat
S. 93

Snack:
Gebackene Apfel-Zimt-Bällchen
(3-5 Stück pro Person)
S. 168

Tag 25
Veggie Meal Prep

Datum: ______________________

Ob in der Mittagspause in der Kantine oder an der Autobahnraststätte – unterwegs lassen sich nicht immer gesunde und fleischfreie Mahlzeiten auftreiben. Stattdessen sind die angebotenen Snacks nicht nur kalorienreicher, sondern ihre genauen Zutaten sind oft auch unbekannt. Um hier nicht dazu gezwungen zu sein, zu einer – vielleicht sogar unwissentlich – nicht vegetarischen Mahlzeit zu greifen, hilft es, vorbereitet zu sein.

Viele vegetarische Mahlzeiten lassen sich hervorragend vorbereiten und für unterwegs mitnehmen. Dieses sogenannte Meal-Prep-Konzept garantiert dir nicht nur, dass du auch wirklich eine vegetarische Mahlzeit zu dir nimmst. Meist sind die selbst zubereiteten Mahlzeiten zudem auch noch wesentlich günstiger und gesünder.

Aus Quinoa, Brokkoli, gelber Paprikaschote, Tomaten und Salat wird beispielsweise schnell ein leckerer »Salat to go« im Glas zusammengestellt. Dazu noch ein Dressing wie das vom Gemüsenudel-Salat (S. 93) – und schon ist das perfekte Essen für unterwegs fertig.

Notizen zum Veggie-Tag:

Rezepttipps für heute:

Frühstück:
Schoko-Haferflocken-Pancakes
S. 90

Mittagessen:
Kartoffel-Kohl-Suppe mit Kidneybohnen
S. 98

Abendessen:
Karotten-Fenchel-Gemüse mit Reis
S. 117

Snack:
Gebackene Apfel-Zimt-Bällchen
(3-5 Stück pro Person)
S. 168

Tag 26

Beziehe Freunde und Familie in dein Vorhaben ein

Datum: ______________________

Wenn du dauerhaft Vegetarier werden oder ein anderes wichtiges Vorhaben umsetzen möchtest, ist es sinnvoll, Familie und Freunde in dein Vorhaben einzuweihen und einzubeziehen. Allein hierdurch steigen die Chancen, mit deinen Absichten erfolgreich zu sein.

Das hängt übrigens nicht allein damit zusammen, dass dich der Umstand, dass andere dein Vorhaben kennen, vom Aufgeben abhält. Vielmehr kannst du auch deutlich mehr Unterstützung und Verständnis erwarten, wenn du Familienmitglieder und andere dir nahestehende Personen von Anfang an mit einbeziehst.

Lade Freunde und Familie beispielsweise einfach mal zu einem vegetarischen Mittagessen ein und zeige ihnen, wie lecker fleischlose Küche sein kann.

Notizen zum Veggie-Tag:

Rezepttipps für heute:

Frühstück:
Haferflocken-Waffeln
S. 86

Mittagessen:
Kohlrabi mit Couscous-Pilz-Füllung
S. 114

Abendessen:
Apfel-Walnuss-Salat
S. 94

Snack:
Gebackene Apfel-Zimt-Bällchen
(3–5 Stück pro Person)
S. 168

Tag 27

Leckere Gewürze für mehr Veggie-Abwechslung

Datum: ______________________

Wer sich vegetarisch ernährt, muss auf Abwechslung selbstverständlich auch geschmacklich nicht verzichten. Gerade zu Beginn des Umstiegs auf eine fleischfreie Ernährung kann das vielen Menschen jedoch anders vorkommen. Das wiederum liegt schlicht und einfach daran, dass viele deftige und würzige Geschmackseindrücke mit Fleischgerichten assoziiert werden. Gemüse und viele andere vegetarische Lebensmittel werden hingegen oft kaum gewürzt oder sogar recht »geschmacksfrei« zubereitet – und somit auch mit entsprechenden Geschmackseindrücken verbunden.

Das allerdings muss nicht sein. Schließlich lassen sich auch Gemüse, Seitan oder viele andere vegetarische Gerichte und Zutaten deftig zubereiten und würzen. Wer dabei gerade zu Beginn seines Veggie-Umstiegs den altbekannten Geschmack von Fleischgerichten vermisst, kann auf cleveres Würzen statt auf Fleisch setzen.

Auch zum Würzen vegetarischer Gerichte dürfen nämlich etwa Gewürzmischungen wie Brathähnchen- oder Gyros-Gewürz verwendet werden. Außerdem verleihen Gewürze wie Knoblauch-, Paprikapulver, Thymian, Senfpulver oder Rosmarin einen herrlich deftigen und pikanten Geschmack.

Ein besonderer Geheimtipp unter ehemaligen Fleischliebhabern ist außerdem Rauchsalz. Es verleiht gerade vegetarischen Gerichten aus Gemüse oder Ei ein herrlich rauchiges Aroma, das ansonsten nur von gegrillten oder scharf angebratenen Fisch- oder Fleischgerichten bekannt ist.

Notizen zum Veggie-Tag:

Rezepttipps für heute:

Frühstück:
Eiermuffins (1–2 Stück pro Person)
S. 164

Mittagessen:
Schupfnudel-Champignon-Pfanne
S. 113

Abendessen:
Blumenkohl in Käsesoße
S. 137

Snack:
Stangensellerie-Petersilien-Smoothie
S. 187

Tag 28

Sammle deine vegetarischen Lieblingsrezepte

Datum: ______________________

Sobald du anderen davon erzählst, dass du vegetarisch leben möchtest, wirst du sicherlich auch mit Fragen konfrontiert, was du denn dann »überhaupt noch essen darfst«. Dieses Verhalten zeigt, dass viele Menschen keine Vorstellung davon haben, wie vielseitig vegetarische Lebensmittel sein können. Vielleicht geht es dir zu Beginn deiner Vegetarierreise sogar genauso.

Damit beim vegetarischen Kochen keine Langeweile aufkommt, kannst du deine Ernährungsumstellung dazu nutzen, ein eigenes vegetarisches Kochbuch zu starten.

Sammle darin vegetarische Rezepte aus dem Internet, aus Zeitschriften oder aus Restaurants. So wirst du nicht nur selbst erkennen, wie groß die vegetarische Lebensmittelauswahl ist, sondern kannst vielleicht sogar andere mit deinem persönlichen Kochbuch inspirieren.

Notizen zum Veggie-Tag:

Rezepttipps für heute:

Frühstück:
Knusperpflaumen
S. 80

Mittagessen:
Lasagne mit Tofu-Bolognese
S. 129

Abendessen:
Gebratener Fenchel mit Joghurtsoße
S. 145

Snack:
Schokopudding
S. 174

Tag 29
Ignoriere Belehrungen und knüpfe neue Kontakte

Datum: ______________________

Obwohl die vegetarische und auch die vegane Ernährung heute bei vielen Menschen angekommen sind, werden Vegetarier vereinzelt immer noch belächelt. Nicht selten werden sie dabei auch mit recht absurden Vorurteilen und Belehrungen konfrontiert. Diese beginnen oft mit der Annahme, dass Vegetarier mangelernährt wären und gipfeln nicht selten in der Belehrung, dass »echte Vegetarier« auch auf Produkte verzichten müssten, die wie Fleisch aussehen und schmecken.

Dahinter steckt oft Unwissenheit: Viele Menschen wissen nicht, dass eine gesunde Ernährung ohne Fleisch auskommt und es durchaus möglich ist, aus ethischen oder gesundheitlichen Gründen zum Vegetarier zu werden, ohne unter Mangelerscheinungen zu leiden. Allerdings ist es meist wenig sinnvoll, über diese Ansichten zu diskutieren, sich dagegen zu wehren oder sich gar angegriffen zu fühlen. Oft ist es besser, die wenig konstruktiven Kommentare einfach zu ignorieren.

Versuche, Kontakte zu anderen Vegetariern zu knüpfen, z. B. über die sozialen Netzwerke. So bekommst du bestimmt auch den einen oder anderen Insider- oder Rezepttipp und kannst dich mit Menschen mit den gleichen Interessen austauschen.

Notizen zum Veggie-Tag:

Rezepttipps für heute:

Frühstück:
Gebackenes Porridge
S. 85

Mittagessen:
Veggie-Balls in Tomatensoße
S. 146

Abendessen:
Kartoffelsalat mit Spargel, Radieschen und Ei
S. 97

Snack:
Erdbeershake
S. 185

Tag 30
Mache dich bereit für mehr Wohlbefinden und Vitalität

Datum: ______________________

Wer von einer omnivoren auf eine fleischfreie Ernährung umsteigt, fühlt sich nach einiger Zeit meist fitter. Das hängt damit zusammen, dass Fleischprodukte durch nährstoffreichere Lebensmittel ersetzt werden. Mache dich also bereit dafür, dass die Umstellung auf mehr Gemüse, Obst und gesunde Hülsenfrüchte sich bald durch mehr Energie und Wohlbefinden bemerkbar macht.

Nicht selten lösen sich durch den Verzicht auf Fleisch auch Verdauungsprobleme ganz von allein. Das gilt zumindest dann, wenn du statt Fleisch mehr ballaststoffreiche, pflanzliche Lebensmittel isst. Ein weiterer positiver Nebeneffekt der gesunden vegetarischen Ernährung: Es kann sein, dass die Waage nach einiger Zeit ein paar Kilo weniger anzeigt.

Notizen zum Veggie-Tag:

Rezepttipps für heute:

Frühstück:
Gebackenes Porridge
S. 85

Mittagessen:
Quinoa-Gemüse-Bowl
S. 101

Abendessen:
Kürbis-Rührei
S. 160

Snack:
Schnelles Beeren-Joghurt-Eis
S. 173

Geschafft!

Du hast die 30-Tage-Veggie-Challenge durchgezogen!

Die eigene Ernährung von heute auf morgen komplett umzustellen, ist alles andere als einfach. Auch bei denjenigen, die gerne vegetarisch leben würden, kommt darum gelegentlich die Lust auf fleischhaltige Lebensmittel und alte Lieblingsgerichte auf. Das ist nicht schlimm – und weder ein Grund, sich selbst zu geißeln, noch ein Grund aufzugeben.

Oft hilft es in diesen Situationen, alte Lieblingsgerichte einfach ohne Fleisch oder mit Fleischersatzprodukten zuzubereiten. Sollte das aber einmal nicht funktionieren, ist das selbstverständlich kein Weltuntergang. Denn auch wer einmal nicht vegetarisch isst, ist mit seiner Ernährungsumstellung nicht direkt gescheitert.

Viele Menschen spüren bereits positive gesundheitliche Veränderungen, wenn sie lediglich ein- oder zweimal pro Woche Fleisch essen. Also, geißel dich nicht, wenn du doch noch einmal »schwach« wirst und auf ein fleischhaltiges Lieblingsgericht zurückgreifst. Lieber klein anfangen – und wer weiß, vielleicht lässt sich das ja nach und nach weiter ausbauen. Du kannst bereits jetzt stolz auf dich sein!

Zum Umgang mit den Rezepten

Zu den Rezepten gibt es Tipps sowie Nährwertangaben.

- »KCAL« steht für Kilokalorien,
- »KH« für Kohlenhydrate,
- »P« für Protein,
- »F« für Fett.

Außerdem sind die Rezepte verschiedenen Kategorien zugeordnet, damit man immer sofort erkennen kann, welches Gericht vegetarisch, vegan oder glutenfrei ist. Mit den folgenden Symbolen sind sie übersichtlich gekennzeichnet:

vegan

glutenfrei

»Glutenfrei«: Bitte achte bei den Produkten immer auf das Etikett, besonders bei Schokolade, Käse, Gemüsebrühe, Kakaopulver, Gewürzen etc. Auch wenn diese Zutaten meist frei von Gluten sind, können von den Herstellern bestimmte Zusätze verwendet werden, die nicht glutenfrei sind.

Frühstück und Süßspeisen

Müsliriegel

FÜR 10 STÜCK
PRO STÜCK: 127 KCAL / 19,3 G KH / 3,8 G P / 3,8 G F

ZUTATEN:

100 g Haferflocken (zart)
50 g Haferflocken (kernig)
30 g gehackte oder gestiftelte Mandeln
20 g geschrotete Leinsamen
50 g Weizenvollkornmehl
1 TL Backpulver
1 Prise Salz
1 TL Zimt
1 Banane
150 g Apfelmark oder Apfelmus
20 g flüssiger Honig oder Süßungsmittel nach Belieben

1. Backofen auf 170 °C Umluft vorheizen.
2. Alle trockenen Zutaten in einer Schüssel vermischen.
3. Banane schälen und mit der Gabel zerdrücken und zusammen mit dem Apfelmark und dem Honig zu den trockenen Zutaten geben und gut vermengen.
4. Eine Auflaufform oder ein Backblech mit Backpapier auslegen und die Masse aufstreichen (ca. 1 cm Höhe).
5. Im Ofen 30–35 Minuten backen. Danach auskühlen lassen und in Riegel schneiden.

Tipp:

Die Müsliriegel schmecken lecker als schnelles Frühstück, als Zwischensnack für unterwegs oder auch etwas zer-kleinert und mit Joghurt vermischt. Du kannst das Rezept übrigens beliebig variieren, z. B. mit Nüssen, Trockenfrüchten oder Kürbiskernen. Im Kühlschrank halten sie sich ca. 1 Woche. Für eine vegane Variante kann man den Honig auch durch Agavendicksaft ersetzen.

Knusperpflaumen

2 PORTIONEN

PRO PORTION: 353 KCAL / 38,4 G KH / 10,5 G P / 17,3 G F

ZUTATEN:

200 g Pflaumen
1 Ei
1 TL Honig
50 g Weizenvollkornmehl
30 g weiche Butter
80 ml Milch
1 Prise Salz
30 g Haferflocken (kernig)

1. Backofen auf 180 °C Umluft vorheizen.
2. Pflaumen waschen, halbieren, entsteinen und in eine mit Backpapier ausgelegte Kastenform (Größe: 24 cm) geben.
3. Ei, Honig, Mehl, Butter, Milch und Salz zu einem flüssigen Teig verrühren. Die Haferflocken in den Teig mischen und dann die Masse über die Pflaumen gießen.
4. Im Ofen 25–30 Minuten backen.

Tipp:

Die Pflaumen lassen sich auch durch andere Früchte ersetzen. Probier es doch einmal mit Äpfeln, Aprikosen oder Beeren. Lecker schmecken die Knusperpflaumen auch mit etwas Naturjoghurt bestrichen.

Apfel-Zimt-Grießbrei mit Mandelsplittern

FÜR 2 PORTIONEN
PRO PORTION: 294 KCAL / 48,5 G KH / 8,5 G P / 6,8 G F

ZUTATEN:

- 1 Apfel
- 1 TL Zitronensaft
- 2 Prisen Zimt
- 400 ml Mandeldrink oder Milch
- 1 TL Honig
- 1 Prise Salz
- 100 g Dinkelgrieß
- Salz
- 1 TL Rosinen (nach Belieben)
- 2 TL gestiftelte Mandeln

1. Apfel waschen, evtl. schälen, entkernen und in kleine Stücke schneiden. Mit Zitronensaft und 1 Prise Zimt vermischen.
2. Mandeldrink mit Honig in einem Topf aufkochen lassen, dann Salz und 1 Prise Zimt einrühren.
3. Den Grieß nach und nach mit dem Schneebesen in den Mandeldrink einrühren und 5 Minuten quellen lassen.
4. Dann Apfelstücke und nach Wunsch Rosinen einrühren und mit den gestiftelten Mandeln bestreuen.

Overnight Oats mit Himbeeren

2 PORTIONEN

PRO PORTION: 347 KCAL / 43,2 G KH / 16,7 G P / 10,1 G F

ZUTATEN:

- 300 ml Milch oder Milchalternative (z. B. Mandeldrink)
- 150 g Naturjoghurt
- 1 TL Honig
- 60 g Himbeeren
- 100 g Haferflocken (zart)
- 2 TL Kokosraspeln

1. Milch, Joghurt und Honig vermischen. Himbeeren waschen und abtrocknen.
2. Nun zu jeweils gleichen Teilen in folgender Reihenfolge in 2 Gläser schichten: als unterste Lage Haferflocken, dann Milch-Joghurt-Mischung, dann Himbeeren und als Topping Kokosraspeln.
3. Über Nacht im Kühlschrank ziehen lassen. Vor dem Verzehr durchrühren.

Tipp:

Statt Himbeeren kannst du auch andere Beeren- oder Obstsorten verwenden.

Gebackenes Porridge

FÜR 4 PORTIONEN
PRO PORTION: 383 KCAL / 48,2 G KH / 11,8 G P / 13,1 G F

ZUTATEN:

- 60 g Heidelbeeren
- 1 Ei
- 310 g Apfelmark oder Apfelmus (ungesüßt)
- 1 Prise Salz
- 1 EL flüssige Butter oder Öl
- 50 ml Milch
- 250 g Haferflocken (zart)
- ½ TL Backpulver
- 2 EL gehobelte Mandeln

1. Backofen auf 180 °C Umluft vorheizen. Eine Auflaufform oder ein Backblech mit Backpapier auslegen.
2. Heidelbeeren waschen und abtrocknen.
3. Ei, Apfelmark, Salz, Butter und Milch verrühren. Restliche Zutaten ebenfalls untermischen.
4. In die Auflaufform oder auf das Backblech streichen (etwa 2 cm hoch) und im Ofen 15–20 Minuten backen.

Tipp:

Du kannst das gebackene Porridge auch in kleinere Stücke schneiden und z. B. als Müsliriegel genießen.

Haferflocken-Waffeln

2 PORTIONEN
PRO PORTION: 303 KCAL / 37,8 G KH / 13,1 G P / 9,1 G F

ZUTATEN:

- 100 g Haferflocken
- 1 EL geschrotete Leinsamen
- 1 TL flüssiger Honig
- 1 Ei
- 100 ml Milch (+ evtl. 50 ml) oder Milchalternative
- 80 g Beeren (z. B. Himbeeren, Heidelbeeren)
- Öl zum Einfetten des Waffeleisens

1. Haferflocken und Leinsamen in einen Mixer geben und so lange mixen, bis die Haferflocken gut zerkleinert sind.
2. Honig, Ei, Milch und Beeren hinzufügen und gut vermengen. Wenn der Teig noch zu fest ist, noch etwas mehr Milch zugeben.
3. Waffeleisen mit Öl fetten und Waffeln nach und nach ausbacken.
4. Beeren waschen, abtrocknen und zu den Waffeln genießen.

Tipp:

Statt Beeren kannst du auch andere Obstsorten der Saison verwenden.

Heidelbeer-Frühstückskuchen

FÜR CA. 17 SCHEIBEN
PRO PORTION: 147 KCAL / 18,2 G KH / 2,4 G P / 6,5 G F

ZUTATEN:

3 Bananen
3 EL flüssiger Honig
125 g weiche Butter
300 g Mehl (z. B. Dinkelvollkornmehl)
2 TL Weinsteinbackpulver
1 Prise Salz
125 g Heidelbeeren

1. Backofen auf 170 °C Umluft vorheizen. Eine Kastenform fetten oder mit Backpapier auslegen.
2. Bananen schälen und mit einer Gabel zerdrücken. Honig und Butter schaumig schlagen.
3. Trockene Zutaten vermischen und mit den Bananen sowie dem Honig-Butter-Gemisch zu einer glatten Rührmasse verrühren.
4. ¾ des Teiges in die Kastenform geben. Den restlichen Teig mit den Heidelbeeren vermengen und dann ebenfalls in die Form füllen.
5. Im Ofen 45–50 Minuten backen. Stäbchenprobe durchführen und evtl. noch etwas länger backen, falls noch Teigreste am Stäbchen kleben.

Tipp:

Der Frühstückskuchen kann beliebig mit anderen Obst- und Beerensorten variiert werden.

Schoko-Haferflocken-Pancakes

FÜR 2 PORTIONEN
PRO PORTION: 369 KCAL / 47,7 G KH / 9,5 G P / 13,6 G F

ZUTATEN:

- 1 Banane
- 100 g Haferflocken
- 200 ml Mandeldrink oder Milch
- 1 TL flüssiger Honig oder Süßungsmittel nach Belieben
- 1 ½ EL Kakaopulver
- Öl zum Ausbacken (z. B. Kokos- oder Rapsöl)

1. Banane schälen, mit einer Gabel zerdrücken und mit Haferflocken, Mandeldrink, Honig und Kakaopulver verrühren.
2. 1 TL Öl in einer Pfanne erhitzen und mit einem Esslöffel Teigkleckse in die Pfanne setzen. Sobald sich Bläschen an der Oberfläche bilden, die Pancakes vorsichtig wenden und goldbraun fertig backen. Vorgang wiederholen, bis die Teigmasse verbraucht ist.

Tipp:

Für eine vegane Variante kann man den Honig auch durch Agavendicksaft ersetzen.

Salate und Suppen

Gemüsenudel-Salat

FÜR 2 PORTIONEN
PRO PORTION: 214 KCAL / 19,3 G KH / 5,3 G P / 11,3 G F

ZUTATEN:

- 2 Karotten (ca. 200 g)
- 1 Zucchini (ca. 400 g)
- 1 rote Paprikaschote
- 1 Schalotte
- 2 Stängel Petersilie
- Saft von 1 Limette
- 2 EL Wasser
- 2 EL Öl (z. B. Olivenöl)
- 1 TL flüssiger Honig oder Süßungsmittel nach Belieben
- 1 TL dunkle Sesamsamen
- Salz, Pfeffer

1. Gemüse waschen und abtrocknen, Karotten evtl. schälen. Zucchini und Karotten mit einem Spiralschneider zu Gemüsenudeln schneiden. Paprika entkernen und in schmale Streifen schneiden. Schalotte abziehen und in kleine Würfel schneiden. Petersilie waschen, trocken schütteln und hacken.
2. Limettensaft, Wasser, Öl, Honig, Sesamsamen, Salz und Pfeffer zu einem Dressing vermischen.
3. Alle Zutaten in eine Schüssel geben, das Dressing hinzufügen und alles gut vermischen. Mit Salz und Pfeffer abschmecken und mindestens 10 Minuten ziehen lassen.

Apfel-Walnuss-Salat

2 PORTIONEN
PRO PORTION: 345 KCAL / 17,7 G KH / 10 G P / 25,4 G F

ZUTATEN:

- 200 g Blattspinat
- 1 Apfel (z. B. Elstar)
- 40 g Walnüsse
- 50 g Käse (z. B. Schafskäse)
- 3 EL Essig (z. B. Balsamico bianco)
- 1 EL Öl (z. B. Olivenöl)
- ½ TL flüssiger Honig oder Süßungsmittel nach Belieben
- Salz, Pfeffer

1. Blattspinat waschen, verlesen und trocken schleudern. Apfel waschen, vierteln und Kerngehäuse entfernen. Apfelviertel in dünne Scheiben abschneiden. Walnüsse kleiner brechen oder hacken. Käse in kleine Würfel schneiden.
2. Essig, Öl, Honig, Salz und Pfeffer zu einem Dressing verrühren.
3. Dressing zum Salat geben, alles gut vermischen und mindestens 5 Minuten ziehen lassen.

Tipp:

Anstatt Blattspinat kannst du auch andere Salatsorten der Saison verwenden, etwa Kopf- oder Feldsalat.

Kartoffelsalat mit Spargel, Radieschen und Ei

FÜR 2 PORTIONEN

PRO PORTION: 379 KCAL / 43,9 G KH / 15,6 G P / 13,8 G F

ZUTATEN:

- 500 g Kartoffeln (festkochend)
- 250 g grüner Spargel
- Salz
- Zucker
- 1 EL Zitronensaft
- 1 Schalotte oder kleine Zwiebel
- 6 Radieschen
- ½ Bund frischer Dill oder Kräuter nach Belieben
- 3 EL Essig (z. B. Balsamico bianco)
- 50 ml Gemüsebrühe
- 1 EL Öl (z. B. Olivenöl)
- Salz, Pfeffer
- 2 Eier (hart gekocht)

1. Kartoffeln waschen und im Salzwasser in 30–40 Minuten kochen, dann pellen und in grobe Stücke schneiden.
2. Spargel währenddessen im unteren Viertel schälen und die holzigen Enden abschneiden. Dann in etwa 3 cm lange Stücke schneiden. In einen Topf geben, mit Wasser bedecken, 1 Prise Salz und Zucker und den Zitronensaft hinzufügen und in 6–10 Minuten (je nach gewünschter Knackigkeit) kochen. Aus dem Wasser heben und abtropfen lassen.
3. Schalotte abziehen und in feine Scheiben schneiden. Radieschen waschen, abtrocknen und ebenfalls in Scheiben schneiden. Dill waschen, trocken schütteln und klein hacken.
4. Kartoffeln, Spargel, Schalotten, Radieschen und Dill in eine Schüssel geben. Essig, Gemüsebrühe und Öl untermischen. Mit Salz und Pfeffer abschmecken.
5. Eier pellen und halbieren. Jeweils auf 1 Portion Kartoffelsalat geben. Salat mindestens 15 Minuten ziehen lassen.

Kartoffel-Kohl-Suppe mit Kidneybohnen

2 PORTIONEN

PRO PORTION: 363 KCAL / 43,6 G KH / 17,9 G P / 8,4 G F

ZUTATEN:

- 300 g Kartoffeln (vorwiegend festkochend)
- 200 g Karotten
- 1 Schalotte oder kleine Zwiebel
- 1 kleine Stange Lauch
- 50 g Kohl (z. B. Wirsing, Grün- oder Weißkohl)
- 1 EL Öl (z. B. Olivenöl)
- 600 ml Gemüsebrühe
- 1 Dose Kidneybohnen (ca. 255 g Abtropfgewicht)
- 1 TL gehackter Dill (alternativ: TK)
- Salz, Pfeffer

1. Gemüse waschen und abtrocknen. Kartoffeln und Karotten schälen; Kartoffeln würfeln und Karotten in Scheiben schneiden. Schalotte abziehen und fein hacken. Lauch putzen, waschen und in schmale Streifen schneiden. Kohl putzen, waschen und in grobe Stücke schneiden.
2. Öl in einem Topf erhitzen. Schalotten, Karottenscheiben und Lauchstreifen hinzufügen und 2 Minuten andünsten.
3. Mit Gemüsebrühe aufgießen und Kartoffelwürfel einfüllen, dann etwa 15 Minuten bei mittlerer Hitze köcheln lassen.
4. Kidneybohnen durchspülen und abtropfen lassen, dann zusammen mit Kohl und Dill in den Topf geben und alles gut durchmischen.
5. In ca. 7 Minuten bei niedriger Hitze fertig kochen. Mit Salz und Pfeffer abschmecken.

Tipp:

Statt Kidneybohnen kannst du auch weiße Bohnen verwenden.

Quinoa-Gemüse-Bowl

FÜR 2 PORTIONEN

PRO PORTION: 556 KCAL / 62,3 G KH / 22,7 G P / 21,7 G F

ZUTATEN:

150 g bunte Quinoa
Salz, Pfeffer
1 kleine Zucchini
1 kleine Aubergine
1 rote Paprikaschote
4 Kirschtomaten
1 EL Öl (z. B. Olivenöl)
1 Prise getrockneter Thymian
100 g Schafskäse
1 Zitrone

1. Quinoa in ein Sieb geben und unter fließendem Wasser durchspülen, dann abtropfen lassen. 400 ml Wasser in einem Topf zum Kochen bringen, ½ TL Salz einrühren und Quinoa hinzufügen. Bei niedriger Hitze ca. 20 Minuten garen.
2. Währenddessen Gemüse waschen und abtrocknen. Zucchini und Aubergine in kleine Stücke oder Scheiben schneiden. Paprikaschote entkernen und klein schneiden. Tomaten vierteln.
3. Öl in einer Pfanne erhitzen. Zucchini, Paprika und Aubergine darin 5–7 Minuten anbraten.
4. Quinoa und Bratgemüse in einer Schüssel vermischen und mit Salz, Pfeffer und Thymian würzen. Schafskäse darüberkrümeln.
5. Zitrone waschen und achteln. Zur Quinoa-Gemüse-Bowl servieren und nach Belieben darüberträufeln.

Tipp:

Mit frischer Minze oder Petersilie dekorieren.

Petersilienwurzelsuppe

2 PORTIONEN

PRO PORTION: 256 KCAL / 19,1 G KH / 7,4 G P / 15 G F

ZUTATEN:

- 300 g Petersilienwurzel
- 100 g Kartoffeln (mehligkochend)
- 1 Schalotte oder kleine Zwiebel
- 1 Knoblauchzehe
- 1 TL Butter oder Öl (z. B. Olivenöl)
- 400 ml Gemüsebrühe
- 100 ml Kochsahne
- 2 Stängel Petersilie
- Salz, Pfeffer
- gemahlene Muskatnuss

1. Petersilienwurzel und Kartoffeln schälen, dann würfeln. Schalotte und Knoblauch abziehen und fein hacken.
2. Butter in einem Topf erhitzen, Schalotten und Knoblauch 1 Minute andünsten, dann Petersilienwurzel- und Kartoffelwürfel hinzufügen und 3 Minuten unter Rühren mitdünsten.
3. Mit Gemüsebrühe und Kochsahne aufgießen und etwa 20 Minuten zugedeckt bei mittlerer Hitze köcheln lassen, bis das Gemüse gar ist.
4. Petersilie waschen, trocken schütteln und hacken.
5. Suppe pürieren. Mit Salz, Pfeffer und Muskatnuss abschmecken und mit gehackter Petersilie bestreuen.

Rotkohlsuppe

FÜR 2 PORTIONEN

PRO PORTION: 147 KCAL / 14,3 G KH / 3 G P / 8,6 G F

ZUTATEN:

250 g Rotkohl
½ Apfel (z. B. Elstar; ca. 50 g)
80 g Kartoffeln
1 Schalotte oder kleine Zwiebel
1 EL Butter oder Olivenöl
500 ml Gemüsebrühe
Salz, Pfeffer
½–1 EL Balsamico (optional)

1. Rotkohl putzen und in dünne Streifen schneiden. Apfel waschen, schälen, Kerngehäuse entfernen und in Würfel schneiden. Kartoffeln schälen und klein würfeln. Schalotte abziehen und fein hacken.
2. Butter in einem Topf erhitzen und Schalotten darin kurz andünsten.
3. Rotkohl, Apfel und Kartoffeln hinzufügen und 5 Minuten mitdünsten.
4. Gemüsebrühe einfüllen, mit Salz und Pfeffer würzen und 15 Minuten bei niedriger Hitze köcheln lassen.
5. Suppe pürieren und mit Salz, Pfeffer und evtl. Balsamico abschmecken.

Tipp:

Mit gehackten Walnüssen bestreuen. Das gibt der Suppe extra Pepp.

Bunter Gemüsesalat

2 PORTIONEN

PRO PORTION: 195 KCAL / 20,7 G KH / 5,8 G P / 8,2 G F

ZUTATEN:

- 1 rote Paprikaschote
- 1 Salatgurke
- 100 g Kirschtomaten
- 2 Stängel Petersilie
- 1 kleine Dose Mais (ca. 140 g Abtropfgewicht)
- 2 EL Essig (z. B. Balsamico bianco)
- 50 g Schmand oder saure Sahne oder Joghurt
- 1 Prise Süßungsmittel (optional; z. B. Zucker oder Erythrit)
- Salz, Pfeffer

1. Gemüse und Petersilie waschen und abtrocknen. Paprikaschote entkernen. Salatgurke und Paprika in kleine Würfel schneiden. Tomaten vierteln. Petersilie hacken.
2. Alle Zutaten in einer Salatschüssel vermischen und mit Salz, Pfeffer und evtl. Süßungsmittel abschmecken. Dann mindestens 10 Minuten ziehen lassen.

Mittag- und Abendessen

Spätzle mit Wirsing-Champignon-Soße

FÜR 2 PORTIONEN
PRO PORTION: 614 KCAL / 85,6 G KH / 21,4 G P / 18,3 G F

ZUTATEN:

Für die Spätzle:

220 g Mehl (z. B. Weizenmehl)
2 Eier
Salz
80 ml Wasser + evtl. etwas mehr

Für die Soße:

150 g Wirsing
80 g Champignons
1 Schalotte oder kleine Zwiebel
1 EL Butter
400 ml Gemüsebrühe
100 ml Kochsahne (7 % Fett)
Salz, Pfeffer
¼ Bund Schnittlauch

1. Mehl in eine Schüssel geben. Eier, 1 Prise Salz und Wasser hinzufügen und mit dem Handrührgerät gut verrühren. Teig so lange rühren, bis er Blasen wirft. Er sollte zäh von den Teighaken fließen, ohne zu reißen. Falls der Teig zu fest ist, noch etwas Wasser zugießen.
2. In einem großen Topf Wasser zum Kochen bringen, 1 TL Salz hinzufügen. Teig in einen Spätzlehobel füllen oder durch eine Spätzlereibe direkt in den Topf streichen. So lange wiederholen, bis der Teig aufgebraucht ist. Die Spätzle sind gar, wenn sie an der Oberfläche schwimmen. Spätzle mit einer Schöpfkelle herausnehmen und beiseitestellen.
3. Wirsing waschen, Strunk entfernen und Blätter in Streifen schneiden. Champignons putzen und in Scheiben schneiden. Schalotte abziehen und fein hacken.
4. In einem Topf Butter erhitzen und Schalottenwürfel darin andünsten.
5. Champignons hinzufügen und 3 Minuten bei hoher Temperatur mitdünsten.
6. Wirsing, Gemüsebrühe und Kochsahne hinzufügen, mit Salz und Pfeffer würzen, gut umrühren und 10 Minuten bei mittlerer Hitze köcheln lassen.
7. Währenddessen Schnittlauch waschen, trocken schütteln und in Röllchen schneiden.
8. Spätzle zum Gemüse in den Topf geben, alles gut vermischen und in 3 Minuten bei niedriger Hitze fertig garen.
9. Mit Salz und Pfeffer abschmecken und mit Schnittlauchröllchen bestreuen.

Veggie-Hotdogs

FÜR 4 STÜCK
PRO STÜCK DURCHSCHNITTLICH: 390 KCAL / 47,7 G KH / 9,4 G P / 14,8 G F

ZUTATEN:

- 4 Karotten
- 750 ml Gemüsebrühe
- 1 EL Balsamico bianco oder Apfelessig
- 1 EL Ahornsirup
- 1 EL Sojasoße
- 1 TL geräuchertes Paprikapulver
- Salz, Pfeffer
- 1 TL Öl (z. B. Olivenöl)

Für die Honig-Senf-Soße:

- 1 EL mittelscharfer Senf
- 1 TL flüssiger Honig
- 1 EL Essig (z. B. Balsamico bianco)
- 1 EL Öl (z. B. Olivenöl)
- 1 EL gehackte Petersilie
- Salz, Pfeffer

Für die Füllung:

- 1 Schalotte
- 1 rote Zwiebel
- 1 Avocado (ca. 160 g Fruchtfleisch)
- Salz, Pfeffer
- 2 Essiggurken
- 1 Stück Rotkohl
- 2 Jalapeños (rot und grün; alternativ: Mini-Paprika)
- etwas Ketchup (optional)
- ½ TL schwarze Sesamsamen
- 4 Hotdog-Brötchen

1. Karotten schälen und in Gemüsebrühe 6–8 Minuten bissfest kochen. Danach in eine Schüssel geben.
2. Balsamico, Ahornsirup, Sojasoße, Paprikapulver, Salz und Pfeffer verrühren und über die Karotten gießen. Mindestens 2 Stunden marinieren lassen.
3. Öl in einer Pfanne erhitzen und die marinierten Karotten von allen Seiten scharf anbraten.
4. Alle Zutaten der Honig-Senf-Soße vermischen.
5. Schalotte und Zwiebel abziehen und klein würfeln.
6. Avocado entkernen. Etwa ¼ des Fruchtfleischs in Scheiben schneiden. Den Rest mit der Gabel zerdrücken. Mit Salz und Pfeffer würzen.
7. Essiggurken klein würfeln. Rotkohl waschen und in kleine Stücke schneiden. Jalapeños waschen und in Scheiben schneiden.
8. Hotdog-Brötchen aufschneiden.
9. Variante 1: Die Hälfte der zerdrückten Avocado zusammen mit 1 TL rote Zwiebelwürfel und einer Karotte befüllen. Mit den grünen Jalapeñoscheiben belegen und 1 EL Honig-Senf-Soße darübergeben.

   Variante 2: 1 TL Schalottenwürfel mit den Essiggurkenstücken und 1 EL Honig-Senf-Soße vermischen. Mit 1 Karotte und 1 EL rote Zwiebelwürfel befüllen. Bei Bedarf noch etwas Ketchup darübergeben.

   Variante 3: Die restliche zerdrückte Avocado, die restlichen roten Zwiebelwürfel, 1 Karotte und die Rotkohlstücke hinzufügen. Mit Sesamsamen bestreuen.

   Variante 4: Die Reste der Honig-Senf-Soße, die restlichen Karottenstückchen, die roten Jalapeñoscheiben und die Avocadostücke verwenden.

Tipp:

Nach Belieben mit frischen Kräutern wie Petersilie bestreuen.

Schupfnudel-Champignon-Pfanne

FÜR 2 PORTIONEN

PRO PORTION: 317 KCAL / 38 G KH / 11,6 G P / 12,5 G F

ZUTATEN:

- 250 g Kartoffeln (mehligkochend)
- 50 g Dinkelmehl + etwas mehr zur Verarbeitung
- 1 Eigelb
- Salz, Pfeffer
- 250 g braune Champignons
- 1 Frühlingszwiebel
- 1 Stängel Petersilie
- 1 TL Butter oder Öl (z. B. Olivenöl)
- 150 g Gemüsebrühe
- 2 EL Frischkäse

1. Kartoffeln waschen und im Salzwasser 30–40 Minuten garen. Danach etwas abkühlen lassen, die Schale abpellen und durch die Kartoffelpresse drücken.
2. Kartoffelteig mit 100 g Dinkelmehl, Eigelb und einer guten Prise Salz verkneten. In einem großen Topf Wasser zum Kochen bringen.
3. Auf einer bemehlten Arbeitsfläche eine etwa daumendicke Probe-Schupfnudel herstellen, in den Topf geben und so lange kochen lassen, bis sie an die Oberfläche schwimmt. Fällt der Teig auseinander, einfach noch etwas Mehl einkneten. Hat der Teig die richtige Konsistenz, können alle Schupfnudeln hergestellt und gekocht werden. Nach dem Kochen die Schupfnudeln abtropfen lassen.
4. Champignons putzen, waschen und in Scheiben schneiden. Frühlingszwiebel und Petersilie waschen. Frühlingszwiebel putzen und in Röllchen schneiden, Petersilie hacken.
5. Butter in einer Pfanne erhitzen und Champignons scharf darin anbraten.
6. Frühlingszwiebeln hinzufügen und 2 Minuten mitbraten.
7. Gemüsebrühe und Frischkäse einrühren und alles mit Salz und Pfeffer abschmecken.
8. Schupfnudeln dazu genießen oder zur Champignon-Pfanne geben und alles gut vermischen.

Kohlrabi mit Couscous-Pilz-Füllung

2 PORTIONEN
PRO PORTION: 304 KCAL / 31 G KH / 11,9 G P / 12,4 G F

ZUTATEN.

2 Kohlrabi (à ca. 300 g)
75 ml Gemüsebrühe
50 g Couscous
100 g Pilze (z. B. Champignons)
1 Schalotte oder kleine Zwiebel
2 Stängel Petersilie
1 TL Butter oder Olivenöl
Salz, Pfeffer
100 ml saure Sahne

1. Kohlrabi schälen und im Ganzen in Salzwasser etwa 20–25 Minuten bissfest garen.
2. Gemüsebrühe aufkochen lassen. Dann über den Couscous geben und etwa 10 Minuten ziehen lassen. Der Couscous nimmt die Gemüsebrühe vollständig auf, dann abkühlen lassen.
3. Backofen auf 180 °C Umluft vorheizen.
4. Pilze putzen und in kleine Stücke schneiden. Schalotte abziehen und fein würfeln. Petersilie waschen, trocken schütteln und hacken.
5. Butter in einer Pfanne erhitzen. Schalotte und Pilze darin 5 Minuten andünsten. Mit Salz und Pfeffer würzen. Hitze ausstellen und Couscous, Petersilie und saure Sahne untermischen.
6. Kohlrabi halbieren, mit einem Löffel oder Melonenausstecher aushöhlen, in eine Auflaufform setzen und mit der Couscous-Pilz-Mischung füllen. Kohlrabistücke (vom Aushöhlen) klein schneiden. Zusammen mit den Resten der Couscous-Masse und 150 ml Gemüsebrühe vermischen und um die gefüllten Kohlrabistücke herum in der Auflaufform verteilen.
7. Im Ofen 20–25 Minuten backen.

Tipp:

Statt Couscous kannst du z. B. auch Reis oder Bulgur verwenden.

Karotten-Fenchel-Gemüse mit Reis

FÜR 2 PORTIONEN

PRO PORTION: 507 KCAL / 67,8 G KH / 11 G P / 18,2 G F

ZUTATEN:

150 g Reis (z. B. Naturreis)
1 Fenchelknolle (ca. 200 g)
3 Karotten (ca. 300 g)
1 TL Öl (z. B. Olivenöl)
200 ml Kokosmilch (light)
250 ml Gemüsebrühe
1 TL rote Currypaste
1 gehäufter TL Currypulver
Salz, Pfeffer

1. Reis nach Packungsanleitung in leicht gesalzenem Wasser kochen.
2. In der Zwischenzeit Fenchel putzen, waschen, abtrocknen und in Streifen schneiden. Karotten schälen und in Scheiben schneiden.
3. Öl in einer Pfanne erhitzen und Fenchel und Karotten etwa 5 Minuten darin andünsten.
4. Kokosmilch, Gemüsebrühe, Currypaste und Currypulver hinzufügen und 10–15 Minuten bei niedriger Hitze köcheln lassen.
5. Mit Salz und Pfeffer abschmecken und zum Reis genießen.

Tipp:

Mit frisch gehackter Petersilie bestreuen.

Mit Quinoa gefüllte Aubergine

2 PORTIONEN

PORTION: 336 KCAL / 46,2 G KH / 12,7 G P / 9,5 G F

ZUTATEN.

- 100 g Quinoa
- Salz, Pfeffer
- 2 Auberginen (ca. 600 g)
- 1 kleine gelbe Paprikaschote
- 1 Tomate
- 2 Stängel Petersilie
- 1 TL Öl (z. B. Olivenöl)
- 1 Knoblauchzehe
- 1 Zwiebel
- 30 g Frischkäse

1. Quinoa in ein Sieb geben und unter fließendem Wasser durchspülen, dann abtropfen lassen. 300 ml Wasser in einem Topf zum Kochen bringen, 1 Prise Salz einrühren und Quinoa hinzufügen. Bei niedriger Hitze 20 Minuten garen.
2. Backofen auf 160 °C Umluft vorheizen.
3. Gemüse und Petersilie waschen und abtrocknen. Auberginen der Länge nach aufschneiden. Fruchtfleisch mit einem Löffel entnehmen, klein schneiden und für die Füllung beiseitelegen. Auberginenninnenseiten mit Öl bepinseln und in einer Auflaufform ca. 15 Minuten backen.
4. Währenddessen Knoblauch und Zwiebel abziehen und fein würfeln. Paprikaschote entkernen, Tomate und Paprika in kleine Stücke schneiden.
5. Gegarte Quinoa, Gemüse, Petersilie und Frischkäse in einer Schüssel vermischen und mit Salz und Pfeffer abschmecken.
6. In die vorgegarten Auberginenhälften füllen und im Ofen 20 Minuten fertig backen.

Tipp:

Statt Quinoa kannst du auch Reis verwenden.

Tipp:

Tellerlinsen über Nacht in dreifacher Wassermenge einweichen. Das verkürzt die Kochdauer auf etwa 20 Minuten.

Linsen-Feta-Bällchen mit Couscous und Paprikasoße

FÜR 2 PORTIONEN
PRO PORTION: 656 KCAL / 73,4 G KH / 28,9 G P / 23,7 G F

ZUTATEN:

Für die Linsen-Feta-Bällchen:

120 g Tellerlinsen
1 Knoblauchzehe
2 Stängel Petersilie
1–2 EL Semmelbrösel
1 Ei
Salz, Pfeffer, evtl. Chiliflocken
40 g Schafskäse
1 EL Öl (z. B. Olivenöl)

Für die Paprikasoße:

1 kleine rote Zwiebel
1 rote Paprikaschote
1 TL Öl (z. B. Olivenöl)
1 TL rote Currypaste
200 ml Kokosmilch (light)
200 ml Gemüsebrühe
½ TL Paprikapulver (edelsüß)
80 g Couscous
160 ml Gemüsebrühe

1. Linsen nach Packungsanweisung garen (35–45 Minuten), dann abseihen und abkühlen lassen.
2. Währenddessen die Soße vorbereiten. Dazu Zwiebel abziehen und klein würfeln. Paprikaschote waschen, entkernen und in feine Streifen schneiden.
3. Öl in einem Topf erhitzen und Zwiebeln darin andünsten. Paprikastreifen hinzufügen und 3 Minuten mitdünsten. Restliche Zutaten der Paprikasoße hinzufügen und alles gut vermischen. Bei niedriger Hitze 10–12 Minuten köcheln lassen, bis die Paprikastreifen weich gekocht sind.
4. Für die Linsenbällchen Knoblauch abziehen und klein hacken. Petersilie waschen, trocken schütteln und fein hacken.
5. Die abgetropften und abgekühlten Linsen mit Semmelbröseln, Ei, Knoblauch, Petersilie und Gewürzen verkneten. Schafskäse zerbröseln und untermengen. Die Masse nochmals abschmecken und dann mit angefeuchteten Händen kleine Bällchen formen.
6. Öl in einer Pfanne erhitzen und die Bällchen rundherum 5 Minuten braten.
7. In einem Topf 160 ml Gemüsebrühe zum Kochen bringen, Hitze ausstellen. Couscous hinzufügen, Deckel aufsetzen und 5 Minuten ziehen lassen. Mit einer Gabel auflockern und mit Salz und Pfeffer würzen.
8. Linsenbällchen mit Couscous und Paprikasoße genießen.

Kohlrouladen in Tomatensoße

2 PORTIONEN

PRO PORTION: 335 KCAL / 51 G KH / 8 G P / 8,4 G F

ZUTATEN:

- 100 g Reis
- 6 Blätter Weißkohl
- 1 Karotte
- 1 Zwiebel
- 1 Knoblauchzehe
- 3 Stängel Petersilie
- 2 TL Öl (z. B. Olivenöl)
- Salz, Pfeffer
- 1 Dose gehackte Tomaten (400 g)
- 1 Prise getrockneter Basilikum

1. Reis nach Packungsanleitung in leicht gesalzenem Wasser garen, dann abkühlen lassen.
2. In einem großen Topf Salzwasser zum Kochen bringen und Weißkohlblätter in 5–7 Minuten weich kochen, dann herausnehmen und kalt abbrausen. Mithilfe von Küchenkrepp trocken tupfen.
3. Karotte schälen und in kleine Würfel schneiden. Zwiebel und Knoblauch abziehen und fein hacken. Petersilie waschen, trocken schütteln und hacken.
4. Backofen auf 180 °C Umluft vorheizen.
5. 1 TL Öl in einer Pfanne erhitzen. Die Hälfte von Zwiebeln und Knoblauch zusammen mit den gesamten Karottenstücken darin anbraten. Etwas abkühlen lassen und mit gekochtem Reis und 1 EL der gehackten Petersilie vermischen, mit Salz und Pfeffer abschmecken.
6. Jeweils 2–3 EL Reis-Gemüse-Füllung auf die Kohlblätter setzen und diese dann zu Rouladen einrollen und mit Küchengarn oder Klammern fixieren.
7. 1 TL Öl in einer Pfanne erhitzen und die Rouladen darin rundherum braun anbraten. Restliche Zwiebeln, Knoblauch und Petersilie hinzufügen und kurz mitdünsten.
8. Gehackte Tomaten in eine Auflaufform gießen und mit Salz, Pfeffer und Basilikum würzen. Alles gut vermischen, die Rouladen dazusetzen und ca. 40 Minuten im Ofen garen. Rouladen zwischendurch einmal wenden.

Blumenkohl-Kichererbsen-Curry mit Reis

FÜR 2 PORTIONEN
PRO PORTION: 625 KCAL / 89,6 G KH / 21,8 G P / 14,1 G F

ZUTATEN:

150 g Reis (z. B. Naturreis)
1 Blumenkohl (ca. 400 g)
1 Schalotte oder kleine Zwiebel
1 TL Öl (z. B. Olivenöl)
1 Glas Kichererbsen (Abtropfgewicht 265 g)
200 ml Kokosmilch (light)
1 Dose gehackte Tomaten (400 g)
1 TL Currypaste (gelb; optional)
1 TL Currypulver
1 TL Paprikapulver (edelsüß)
1 Prise Paprikapulver (rosenscharf) oder Chilipulver
Salz, Pfeffer
½ Bund Koriander oder Petersilie

1. Reis nach Packungsanleitung in leicht gesalzenem Wasser kochen.
2. Blumenkohl putzen, abbrausen und in Röschen teilen. Schalotte abziehen und klein hacken.
3. Öl in einer Pfanne erhitzen und erst die Schalotten andünsten, dann die Blumenkohlröschen hinzufügen und 3 Minuten mitdünsten.
4. Restliche Zutaten bis auf den Koriander hinzufügen und für 12–15 Minuten bei mittlerer Hitze und gelegentlichem Umrühren köcheln lassen. Nochmals mit Salz, Pfeffer und Paprika- bzw. Chilipulver abschmecken.
5. Koriander waschen, trocken schütteln und hacken.
6. Curry und Reis mit gehacktem Koriander bestreuen.

Tipp:

Das Curry kann man auch ohne Kichererbsen kochen. Dafür einfach ca. 300 g mehr Blumenkohl dazugeben.

Kürbisrisotto

2 PORTIONEN
PRO PORTION: 408 KCAL / 71,7 G KH / 7,7 G P / 9,8 G F

ZUTATEN:
- 200 g Kürbis (z. B. Hokkaido)
- 1 Schalotte oder kleine Zwiebel
- 1 Knoblauchzehe
- 1 EL Butter oder Olivenöl
- 150 g Risottoreis
- 500 ml Gemüsebrühe
- Salz, Pfeffer
- 30 g Rucola (optional)

1. Kürbis raspeln oder in sehr kleine Stücke schneiden. Schalotte und Knoblauch abziehen und hacken
2. Butter in einem Topf erhitzen, Schalotten und Knoblauch darin 3 Minuten andünsten.
3. Kürbis und Reis hinzufügen und unter Rühren 5 Minuten mitdünsten.
4. Mit Gemüsebrühe aufgießen und unter Rühren bei niedriger Hitze 20 Minuten garen. Falls nötig, noch etwas Gemüsebrühe hinzufügen. Mit Salz und Pfeffer abschmecken.
5. Rucola waschen, trocken schütteln und klein zupfen. Auf dem Kürbisrisotto verteilen.

Tipp:

Mit gehackten Walnüssen bestreuen.

Lasagne mit Tofu-Bolognese

2 PORTIONEN
PRO PORTION: 730 KCAL / 67,3 G KH / 39,1 G P / 30,1 G F

ZUTATEN:

1 Zwiebel
1 Karotte (ca. 100 g)
100 g Sellerie
200 g Tofu
1 TL Öl (z. B. Olivenöl)
1 Dose gehackte Tomaten (400 g)
100 g Gemüsebrühe
1 EL Tomatenmark
1 TL getrockneter Oregano
½ TL getrockneter Basilikum
Salz, Pfeffer
8 Lasagneblätter
100 g Schmand
60 g Reibekäse

1. Backofen auf 180 °C Umluft vorheizen.
2. Zwiebel abziehen und fein hacken. Karotte und Sellerie waschen, schälen und in kleine Würfel schneiden. Tofu auspressen und mit den Händen zerbröseln.
3. Öl in einer Pfanne erhitzen, Zwiebeln und Tofu darin scharf anbraten.
4. Karotten- und Selleriewürfel hinzufügen und 3 Minuten bei mittlerer Hitze mitdünsten.
5. Gehackte Tomaten, Gemüsebrühe, Tomatenmark, Oregano, Basilikum, Salz und Pfeffer hinzufügen und bei mittlerer Hitze 5 Minuten köcheln lassen.
6. In einer Auflauf- oder Lasagneform erst eine Lage der Soße einfüllen und diese dann mit Lasagneblättern bedecken. Vorgang wiederholen und bei der letzten Lage Soße mit einem Esslöffel Schmandkleckse aufsetzen und alles mit dem Reibekäse bestreuen.
7. Im Ofen 25–30 Minuten backen.

Tipp:

Die Tofu-Bolognese-Soße schmeckt auch lecker zu Nudeln oder Gemüsenudeln.

Tortilla-Wraps mit mexikanischer Füllung

2 PORTIONEN

PRO PORTION: 379 KCAL / 44,3 G KH / 28,6 G P / 7,5 G F

ZUTATEN:

- 75 g Sojagranulat
- 750 ml Gemüsebrühe
- 1 Tomate
- 1 rote Paprikaschote
- 1 Schalotte oder kleine Zwiebel
- 1 TL Öl (z. B. Olivenöl)
- Salz, Pfeffer
- 125 g Kidneybohnen (½ Dose)
- 1 EL Tomatenmark
- 1 TL Paprikapulver (edelsüß)
- 1 Prise Paprikapulver (rosenscharf)
- 2 Tortilla-Wraps

1. Sojagranulat in eine Schüssel geben. Gemüsebrühe aufkochen und darübergießen, dann 10 Minuten quellen lassen. Gemüsebrühe abgießen und Granulat etwas ausdrücken.
2. Tomate und Paprikaschote waschen und abtrocknen. Paprikaschote entkernen und zusammen mit der Tomate in kleine Würfel schneiden. Schalotte abziehen und hacken.
3. Öl in einem Topf erhitzen. Zwiebeln und Sojagranulat 5 Minuten anbraten und alles kräftig würzen.
4. Tomatenstücke, Kidneybohnen und Tomatenmark hinzufügen und 5 Minuten unter Rühren dünsten. Mit Gewürzen abschmecken.
5. Mischung jeweils in die Mitte der Tortillas geben und die Wraps aufrollen und genießen.

Spaghetti Carbonara mit Räuchertofu

FÜR 2 PORTIONEN
PRO PORTION: 753 KCAL / 89 G KH / 29,3 G P / 32,5 G F

ZUTATEN:
250 g Spaghetti
Salz, Pfeffer
80 g Räuchertofu
1 EL Öl (z. B. Olivenöl)
30 g weiche Butter
2 Eigelb
2 EL Reibekäse

1. Spaghetti nach Packungsanleitung in reichlich Salzwasser garen.
2. Räuchertofu in kleine Würfel schneiden. Öl in einer Pfanne erhitzen und Tofuwürfel darin anbraten.
3. Butter schaumig rühren und mit dem Eigelb verquirlen. Käse und Tofuwürfel unterheben und alles gut verrühren.
4. Spaghetti abseihen und mit der Soße vermischen. Mit Salz und Pfeffer abschmecken.

Tipp:

Mit frisch gehackter Petersilie bestreuen.

Kohleintopf mit veganem Hack

2 PORTIONEN

PRO PORTION: 332 KCAL / 28,1 G KH / 28 G P / 10,4 G F

ZUTATEN:

1,4 l Gemüsebrühe
100 g Sojagranulat
500 g Weißkohl
1 rote Paprikaschote
1 Zwiebel
1 EL Olivenöl
Salz, Pfeffer
1 EL Tomatenmark
1 TL Paprikapulver (edelsüß)
1 Prise Paprikapulver (rosenscharf)
1 Prise getrockneter Thymian

1. 1 l Gemüsebrühe aufkochen und über das Sojagranulat gießen, dann 10 Minuten quellen lassen. Gemüsebrühe abgießen und Granulat etwas ausdrücken.
2. Weißkohl putzen, Strunk wegschneiden und Kohl in feine Streifen schneiden, dann durchspülen und abtropfen lassen.
3. Paprikaschote entkernen und in kleine Würfel schneiden. Zwiebel abziehen und klein hacken.
4. Öl in einem Topf erhitzen. Zwiebeln und Sojagranulat 5 Minuten anbraten und alles kräftig würzen.
5. Weißkohl, Paprikawürfel und Tomatenmark hinzufügen und 5 Minuten mitdünsten.
6. Mit 400 ml Brühe aufgießen und 25 Minuten bei niedriger Hitze köcheln lassen.
7. Mit Paprikapulver und Thymian abschmecken und genießen.

Blumenkohl in Käsesoße

FÜR 2 PORTIONEN
PRO PORTION: 402 KCAL / 22,7 G KH / 13,2 G P / 26,4 G F

ZUTATEN:

1 Blumenkohl (ca. 500 g)
25 g Butter
25 g Mehl (z. B. Dinkelmehl)
150 g Milch
Salz, Pfeffer
gemahlene Muskatnuss
100 g Schmelzkäse
2 Stängel Petersilie

1. Blumenkohl putzen und in Röschen teilen. In einem Topf Salzwasser zum Kochen bringen und die Blumenkohlröschen 10 Minuten garen. Sie sollten noch nicht weich gekocht, sondern gut bissfest sein. Blumenkohl abseihen und 150 ml des Garwassers auffangen und beiseitestellen.
2. Butter in einem Topf bei niedriger Hitze schmelzen. Das Mehl nach und nach unter Rühren einrieseln lassen und dadurch eine helle Mehlschwitze herstellen.
3. Unter ständigem Rühren erst das Garwasser, dann die Milch und die Gewürze hinzufügen und bei niedriger Hitze 5 Minuten köcheln lassen.
4. Schmelzkäse hinzufügen und unter Rühren auflösen.
5. Blumenkohlröschen dazugeben und in 5 Minuten bei niedriger Hitze und unter gelegentlichem Rühren fertig kochen.
6. Petersilie waschen, trocken schütteln und hacken.
7. Nochmals mit Gewürzen abschmecken und mit gehackter Petersilie bestreuen.

Sellerieschnitzel mit Blumenkohlpüree

2 PORTIONEN
PRO PORTION: 540 KCAL / 49,9 G KH / 26,7 G P / 21,3 G F

ZUTATEN:

400 g Knollensellerie
3 EL Mehl
2 Eier
Salz, Pfeffer
60 g Semmelbrösel
40 g Reibekäse
500 g Blumenkohl
gemahlene Muskatnuss
2 EL Öl (z. B. Olivenöl oder Butterschmalz)

1. Sellerie schälen und in ca. 1,5 cm dicke Scheiben schneiden. In Salzwasser 10 Minuten bissfest garen, abschrecken und dann mit einem Küchentuch trocken tupfen.
2. Das Mehl in einen tiefen Teller geben. Eier in einem weiteren tiefen Teller mit Salz und Pfeffer verquirlen. Semmelbrösel und Käse in einem dritten tiefen Teller vermischen.
3. Selleriescheiben rundherum panieren: erst in Mehl, dann in Ei und zum Schluss in der Semmelbrösel-Käse-Mischung.
4. Blumenkohl putzen, in Röschen teilen und kleiner schneiden. Über dem heißen Wasserbad dünsten oder in Salzwasser 10 Minuten garen, bis er weich gekocht ist. Wenn der Blumenkohl gar ist, mit einem Pürierstab zu einem sämigen Püree verarbeiten und mit Salz, Pfeffer und Muskatnuss abschmecken.
5. Öl in einer Pfanne erhitzen und die Sellerieschnitzel nach und nach darin von beiden Seiten goldbraun ausbacken. Zusammen mit dem Blumenkolhpüree genießen.

Tipp:

Statt Sellerie kannst du z. B. auch Kohlrabi verwenden.

Buntes Ofengemüse vom Blech mit Radieschen-Quark-Dip

FÜR 2 PORTIONEN
PRO PORTION: 457 KCAL / 34 G KH / 36 G P / 15,8 G F

ZUTATEN:

2 Karotten
1 Rote Bete
2 Stängel Stangensellerie
1 rote Paprikaschote
1 gelbe Paprikaschote
2 rote Zwiebeln
3 EL Öl (z. B. Olivenöl)
1 TL Paprikapulver (edelsüß)
1 Prise Paprikapulver (rosenscharf)
Salz, Pfeffer
1 Zweig Rosmarin
5 Radieschen
½ Bund Schnittlauch
500 g Magerquark
3 EL Milch
1 EL Essig

1. Backofen auf 180 °C Umluft vorheizen. Ein Backblech mit Backpapier auslegen.
2. Gemüse waschen und abtrocknen. Karotten und Rote Bete schälen. Karotten in längliche Viertel, Rote Bete in Scheiben und Stangensellerie in Stücke schneiden. Paprikaschoten entkernen und in Stücke schneiden. Zwiebeln abziehen und in Scheiben schneiden.
3. Gemüse reihenweise auf das Backblech geben.
4. Öl mit Gewürzen vermischen und Gemüse damit bepinseln.
5. Rosmarin waschen, trocken schütteln und Nadeln abzupfen, dann über dem Gemüse verstreuen.
6. In den Ofen geben und 30–35 Minuten backen.
7. Währenddessen Radieschen-Quark-Dip zubereiten. Radieschen waschen, putzen und in kleine Stücke schneiden. Schnittlauch waschen, trocken schütteln und in Röllchen schneiden.
8. Quark, Milch und Essig vermischen. Radieschen und Schnittlauch unterheben, alles gut vermengen und mit Salz und Pfeffer abschmecken.

Kartoffelauflauf

2 PORTIONEN

PRO PORTION: 482 KCAL / 25,2 G KH / 13,9 G P / 34,7 G F

ZUTATEN:

200 g Kartoffeln
200 g Kohlrabi
100 g Karotten
50 g Kirschtomaten
50 ml Gemüsebrühe
200 ml Sahne
Salz, Pfeffer
gemahlene Muskatnuss
50 g Reibekäse

1. Gemüse waschen und abtrocknen. Kartoffeln, Kohlrabi und Karotten schälen und dann in dünne Scheiben/Stücke schneiden.
2. In einem Topf Salzwasser zum Kochen bringen und das Gemüse darin etwa 10 Minuten vorgaren, dann abseihen.
3. Kirschtomaten waschen und vierteln.
4. Backofen auf 170 °C Umluft vorheizen.
5. Gemüsebrühe und Sahne mit Salz, Pfeffer und Muskatnuss vermischen.
6. Gemüse in eine Auflaufform geben. Sahne-Gemisch darübergießen und alles gut vermengen.
7. Mit Reibekäse bestreuen und in den Ofen geben, 20–25 Minuten backen.

Gebratener Fenchel mit Joghurtsoße

FÜR 2 PORTIONEN
PRO PORTION: 270 KCAL / 13,5 G KH / 15 G P / 17,1 G F

ZUTATEN:

- 2 Fenchelknollen (ca. 500 g gesamt)
- 1 TL getrockneter Thymian
- 2 EL Öl (z. B. Olivenöl)
- 200 g Naturjoghurt
- 1 EL Kresse oder andere frische Kräuter (gehackt)
- Salz, Pfeffer
- 40 g Reibekäse

1. Backofen auf 180 °C Umluft vorheizen. Ein Backblech mit Backpapier auslegen.
2. Fenchel putzen, waschen, abtrocknen und in Scheiben schneiden.
3. Thymian mit Öl vermischen und Fenchelscheiben damit bepinseln.
4. Fenchelscheiben auf dem Backblech verteilen und ca. 20 Minuten im Ofen backen.
5. Joghurt mit Kresse, Salz und Pfeffer vermischen.
6. Käse über den gebackenen Fenchel streuen und alles noch einmal für 10 Minuten in den Ofen schieben.
7. Gebackenen Fenchel mit Joghurtsoße genießen.

Veggie-Balls in Tomatensoße

2 PORTIONEN
PRO PORTION: 304 KCAL / 32,1 G KH / 16,4 G P / 9,6 G F

ZUTATEN:

1 große Zwiebel
1 Knoblauchzehe
1 Dose Kidneybohnen oder schwarze Bohnen
4 Stängel Petersilie
4 EL Haferflocken
1 TL mittelscharfer Senf
1 EL Tomatenmark
Salz, Pfeffer
Paprikapulver (edelsüß und rosenscharf)
1 ½ EL Öl (z. B. Olivenöl)
1 Dose gehackte Tomaten (400 g)

1. Zwiebel und Knoblauch abziehen und klein hacken.
2. Kidneybohnen mit dem Kartoffelstampfer zerdrücken.
3. Petersilie waschen, trocken schütteln und fein hacken.
4. Die Hälfte von Zwiebeln, Knoblauch und Petersilie zusammen mit Bohnenpüree, Haferflocken, Senf, Tomatenmark und Gewürzen vermengen. Dann mit angefeuchteten Händen zu Bällchen in der gewünschten Größe formen. Ist der Teig noch zu klebrig, noch ein paar Haferflocken untermengen.
5. 1 EL Öl in einer Pfanne erhitzen und die Bällchen rundherum 5 Minuten braten.
6. In einem Topf ½ EL Öl erhitzen. Restliche Zwiebeln, Knoblauch und Petersilie 3 Minuten andünsten, dann mit den gehackten Tomaten ablöschen. Bei niedriger Hitze ca. 5 Minuten köcheln lassen. Mit Salz und Pfeffer abschmecken und zu den Veggie-Balls genießen.

Burger mit Kichererbsen-Frikadellen

FÜR 4 PORTIONEN

PRO PORTION: 323 KCAL / 43,6 G KH / 11,4 G P / 9,8 G F

ZUTATEN:

- 2 Stängel Petersilie
- 1 Schalotte oder kleine Zwiebel
- 1 Dose Kichererbsen (Abtropfgewicht 265 g)
- 1 TL Tomatenmark
- ½ TL mittelscharfer Senf
- Salz, Pfeffer
- 1 Prise gemahlener Kreuzkümmel
- 1 EL Öl (z. B. Olivenöl)
- 4 Blätter Salat (z. B. Kopfsalat)
- 1–2 Tomaten
- 4 Burger- oder Vollkornbrötchen

1. Petersilie waschen, trocken schütteln und fein hacken. Schalotte abziehen und klein würfeln.
2. Kichererbsen mithilfe einer Küchenmaschine fein zerkleinern oder pürieren (evtl. 1–3 EL Wasser hinzufügen, falls sie sich nur schwer pürieren lassen).
3. Petersilie, Schalotten, Tomatenmark und Senf zum Kichererbsenpüree geben und alles gut vermischen. Mit Salz, Pfeffer und Kreuzkümmel abschmecken. Hände anfeuchten und 4 Frikadellen aus der Masse formen.
4. Öl in einer Pfanne erhitzen und die Frikadellen von beiden Seiten in 5–7 Minuten braun ausbacken.
5. Salatblätter waschen und abtrocknen. Tomaten waschen, putzen und in Scheiben schneiden.
6. Burgerbrötchen aufschneiden und mit Salatblatt, Kichererbsen-Frikadelle und Tomatenscheiben belegen.

Grüne Spargel-Champignon-Pfanne

2 PORTIONEN
PRO PORTION: 141 KCAL / 3,4 G KH / 5,4 G P / 11,3 G F

ZUTATEN:

200 g braune Champignons
250 g grüner Spargel
1 EL Butter oder Olivenöl
1 Zweig Rosmarin
1 Knoblauchzehe
1 EL Öl (z. B. Olivenöl)
Saft von 1 Zitrone
Salz, Pfeffer

1. Champignons putzen und in Scheiben schneiden. Spargel im unteren Viertel schälen und die holzigen Enden abschneiden, dann die Stangen halbieren.
2. Butter in einer Pfanne erhitzen und Champignons scharf anbraten, dann aus der Pfanne nehmen und beiseitestellen.
3. Rosmarin waschen und trocken schütteln. Knoblauch abziehen und fein würfeln.
4. Öl in der Pfanne erhitzen, Rosmarinzweig und Knoblauchwürfel kurz darin andünsten. Spargel hinzufügen und 5 Minuten mitbraten.
5. Zitronensaft hinzufügen und Spargel in 8–10 Minuten bei niedriger Hitze garen.
6. Rosmarinzweig herausnehmen, Champignons hinzufügen und bei mittlerer Hitze 3 Minuten fertig braten. Mit Salz und Pfeffer abschmecken.

Brokkoli-Frittata

FÜR 2 PORTIONEN

PRO PORTION: 286 KCAL / 11,9 G KH / 21,5 G P / 15,8 G F

ZUTATEN:

300 g Brokkoli
1 Frühlingszwiebel
1 Tomate
1 Stück Zucchini (ca. 200 g)
2 Stängel Petersilie
1 EL Öl (z. B. Olivenöl)
4 Eier
3 EL Milch
Salz, Pfeffer

1. Backofen auf 160 °C Umluft vorheizen.
2. Brokkoli putzen, waschen und abtropfen lassen, dann klein schneiden. Frühlingszwiebel putzen und in Ringe schneiden. Tomate und Zucchini waschen und jeweils klein würfeln. Petersilie waschen, trocken schütteln und hacken.
3. Öl erhitzen und Frühlingszwiebeln und Gemüsestücke 5 Minuten dünsten.
4. Eier und Milch verquirlen, Petersilie einrühren und alles mit Salz und Pfeffer würzen.
5. Eiermilch über das Gemüse geben und bei niedriger Hitze und mit geschlossenem Deckel in 10–12 Minuten durchstocken lassen.

Kartoffel-Paprika-Gulasch

FÜR 2 PORTIONEN

PRO PORTION: 352 KCAL / 53,7 G KH / 9,5 G P / 8 G F

ZUTATEN:

- 500 Kartoffeln (festkochend)
- 1 rote Paprikaschote
- 1 gelbe Paprikaschote
- 1 Zwiebel
- 1 EL Öl (z. B. Olivenöl)
- 2 EL Tomatenmark
- 1 Dose gehackte Tomaten (400 g)
- 300 ml Gemüsebrühe
- 1 TL getrockneter Majoran
- 1 TL Paprikapulver (edelsüß)
- 1 Prise Paprikapulver (rosenscharf; optional)
- Salz

1. Kartoffeln schälen und würfeln. Paprikaschoten waschen, entkernen und in Stücke schneiden. Zwiebel abziehen und klein hacken.
2. Öl in einem Topf erhitzen und Zwiebeln darin andünsten.
3. Kartoffeln, Paprika und Tomatenmark hinzufügen und 5 Minuten mitdünsten.
4. Gehackte Tomaten, Gemüsebrühe, Majoran und Gewürze einfüllen. Alles gut durchrühren und 25 Minuten bei mittlerer Hitze köcheln lassen, bis das Gemüse gar gekocht ist.
5. Nochmals mit Salz und Paprikapulver abschmecken.

Spinat-Omelette

FÜR 2 PORTIONEN
PRO PORTION: 210 KCAL / 3,4 G KH / 15 G P / 15,2 G F

ZUTATEN:

100 g Blattspinat
4 Eier
3 EL Milch
Salz, Pfeffer
4 Kirschtomaten
1 EL Öl (z. B. Olivenöl)

1. Spinat verlesen, waschen und abtropfen lassen oder trocken schleudern.
2. Eier, Milch, Salz und Pfeffer in einer Schüssel verquirlen.
3. Tomaten waschen, abtrocknen und vierteln.
4. Öl in einer Pfanne erhitzen. Spinat hinzufügen und kurz andünsten, bis er zusammenfällt.
5. Tomaten hinzufügen und 1 Minute mitdünsten.
6. Dann Eiermischung darübergießen und bei geringer Hitze in 8–10 Minuten durchstocken lassen.

Fettuccine mit Brokkolisoße

2 PORTIONEN
PRO PORTION: 453 KCAL / 75,1 G KH / 18,1 G P / 7,2 G F

ZUTATEN:
200 g Fettuccine oder Nudeln nach Belieben
250 g Brokkoli
50 g Kräuterfrischkäse
Salz, Pfeffer

1. Nudeln nach Packungsanweisung kochen, dann abseihen.
2. Brokkoli putzen, in Röschen teilen und waschen. In Salzwasser 5–7 Minuten weich garen. Brokkoli abseihen und Garwasser auffangen.
3. Brokkoli mit Kräuterfrischkäse und 100 ml Garwasser pürieren und mit Salz und Pfeffer abschmecken.
4. Fettuccine mit Brokkolisoße genießen.

Tipp:

Mit frischem Basilikum garnieren.

Scrambled Tofu

FÜR 1 PORTION
PRO PORTION: 420 KCAL / 6,8 G KH / 30,6 G P/ 28,7 G F

ZUTATEN:

1 Frühlingszwiebel oder kleine Zwiebel
4 Kirschtomaten
2 Stängel Petersilie
1 EL Öl (z. B. Olivenöl)
200 g Tofu
½ TL Kurkuma
Salz, Pfeffer
3 EL Sojajoghurt oder Sojamilch

1. Frühlingszwiebel putzen, waschen und in Röllchen schneiden. Kirschtomaten waschen, abtrocknen und vierteln. Petersilie waschen, trocken schütteln und hacken.
2. Öl in einer Pfanne erhitzen. Tofu mit den Händen in die Pfanne hineinbröseln und 3 Minuten anbraten. Gewürze, Frühlingszwiebeln und Tomaten hinzufügen und unter mehrmaligem Wenden 5 Minuten bei mittlerer Hitze durchbraten.
3. Hitze reduzieren und Sojajoghurt einrühren. Etwa 3 Minuten bei niedriger Hitze fertig garen. Nochmals mit Salz und Pfeffer abschmecken und mit Petersilie bestreuen.

Kürbis-Rührei

2 PORTIONEN

PRO PORTION: 223 KCAL / 11,3 G KH / 11,6 G P / 14,5 G F

ZUTATEN:

- 150 g Kürbis (z. B. Hokkaido)
- 1 Schalotte oder kleine Zwiebel
- 1 TL Butter
- 100 ml Gemüsebrühe
- 3 Eier
- 2 EL Milch
- Salz, Pfeffer
- ½ Bund Schnittlauch

1. Kürbis in kleine Würfel schneiden. Schalotte abziehen und hacken.
2. Butter in einem Topf erhitzen, Schalotten und Kürbiswürfel 3 Minuten andünsten. Gemüsebrühe hinzufügen und in 15 Minuten weich garen. Nach Belieben noch etwas mit der Gabel zerdrücken.
3. Eier mit Milch, Salz und Pfeffer verquirlen und zum Kürbis in den Topf geben. Unter Rühren alles gut vermischen und stocken lassen. Mit Salz und Pfeffer abschmecken.
4. Schnittlauch waschen, trocken schütteln und in Röllchen schneiden. Über das Kürbis-Rührei streuen.

Gemüse-Zoodles

FÜR 2 PORTIONEN
PRO PORTION: 246 KCAL / 23,7 G KH / 13,7 G P / 10 G F

ZUTATEN:

1 Zucchini (ca. 400 g)
6 Kirschtomaten
150 g Erbsen (frisch oder TK)
1 EL Öl (z.B. Olivenöl)
1 kleine Dose Mais (ca. 140 g Abtropfgewicht)
Salz, Pfeffer
30 g Reibekäse

1. Zucchini und Tomaten waschen und abtrocknen. Zucchini mit Spiralschneider in Nudelform schneiden. Tomaten vierteln.
2. 500 ml Wasser in einem Topf zum Kochen bringen und die Erbsen darin in 5 Minuten garen. Wasser anschließend abgießen.
3. Öl in einer Pfanne erhitzen, die Zucchininudeln darin 3 Minuten andünsten. Erbsen und Mais hinzufügen und 3 Minuten unter Wenden anbraten. Mit Salz und Pfeffer abschmecken.
4. Mit Reibekäse bestreuen.

Karottenpuffer

2 PORTIONEN
PRO PORTION: 308 KCAL / 27 G KH / 11,6 G P / 12,8 G F

ZUTATEN:

- 500 g Karotten
- 1 Schalotte oder kleine Zwiebel
- 2 Eier
- 3–4 EL Mehl (z. B. Dinkelmehl)
- Salz, Pfeffer
- Paprikapulver (edelsüß)
- 1 EL Tomatenmark
- 1 EL Öl (z. B. Olivenöl)

1. Backofen auf 180 °C Umluft vorheizen. Ein Backblech mit Backpapier auslegen.
2. Karotten schälen und mit der Küchenmaschine oder Küchenreibe raspeln. Überschüssige Flüssigkeit ausdrücken.
3. Schalotte abziehen und klein hacken.
4. Alle Zutaten in einer Schüssel vermischen. Aus dem Teig mit befeuchteten Händen Bällchen formen. Diese auf das Backblech setzen und etwas platt drücken.
5. Mit Öl bepinseln und 30–35 Minuten im Ofen backen, mindestens einmal wenden.

Tipp:

Dazu schmeckt Kräuterjoghurt oder auch Apfelmus.

Brokkoli-Kohlrabi-Gratin

2 PORTIONEN
PRO PORTION: 510 KCAL / 15,1 G KH / 23,8 G P / 37,5 G F

ZUTATEN:

400 g Brokkoli
300 g Kohlrabi
200 ml Sahne
Salz, Pfeffer
80 g Reibekäse

1. Backofen auf 180 °C Umluft vorheizen.
2. Brokkoli putzen, waschen und in Röschen teilen. Kohlrabi waschen, schälen und in Scheiben schneiden. Scheiben so lassen oder nach Belieben halbieren oder vierteln.
3. In einem großen Topf Salzwasser zum Kochen bringen und das Gemüse für ca. 5 Minuten kochen, dann abtropfen lassen und in eine Auflaufform schichten.
4. Sahne, Salz und Pfeffer hinzufügen und alles gut durchmischen.
5. Mit Reibekäse bestreuen und ca. 25 Minuten backen.

Eiermuffins

FÜR 6 STÜCK
PRO STÜCK: 87 KCAL / 2 G KH / 7,6 G P / 5,2 G F

ZUTATEN:

3 Brokkoliröschen
1 Stängel Basilkum
5 Eier
20 ml Milch (1,5 % Fett) oder Mandelmilch
Salz, Pfeffer
3 EL Erbsen (roh oder gekocht)
Öl zum Einfetten des Muffinblechs

1. Backofen auf 170 °C Umluft vorheizen.
2. Brokkoliröschen waschen und in kleine Stücke schneiden. Basilikum waschen, trocken schütteln, Blätter abzupfen und fein hacken.
3. Eier und Milch verquirlen, salzen und pfeffern.
4. Nun alle Zutaten in einer Schüssel vermischen.
5. Muffinblech fetten und Eiermasse eingießen. Im Ofen 15–20 Minuten backen.

Tipp:

Ideal zur Resteverwertung von Gemüse. Beliebig variierbar mit anderen Gemüsesorten.

Desserts und süße Snacks

Birnen-Schoko-Kuchen

FÜR 8 STÜCKE
PRO STÜCK: 194 KCAL / 18 G KH / 5,1 G P / 11 G F

ZUTATEN:

20 g Haferflocken (zart)
40 g gemahlene Mandeln
1 Prise Salz
1 Msp. Bourbon-Vanille
1 EL Kakaopulver
1 EL Backpulver
100 g Mehl (z. B. Dinkelvollkornmehl)
60 g weiche Butter
2 Eier
60 g Agavendicksaft oder Süßungsmittel nach Belieben
1–2 EL Milch
1 Birne
Öl zum Fetten der Form
Außerdem:
Springform (Ø 18 cm)

1. Backofen auf 170 °C Umluft vorheizen.
2. Trockene Zutaten vermischen.
3. Butter, Eier, Süßungsmittel und Milch cremig aufschlagen. Trockene Zutaten hinzufügen und zu einem glatten Teig verrühren.
4. Birne waschen, schälen, entkernen und in kleine Stücke schneiden.
5. Teig in eine gefettete Springform einfüllen. Die Birnenstücke darauf verteilen und leicht eindrücken.
6. Im Ofen 25–30 Minuten backen.

Tipp:

Schmeckt auch lecker als Muffins gebacken. Der Teig reicht für etwa 8 Muffinförmchen.

Gebackene Apfel-Zimt-Bällchen

FÜR 25 STÜCK

PRO STÜCK: 31 KCAL / 5,2 G KH / 0,8 G P / 0,5 G F

ZUTATEN:

1 Apfel (z. B. Elstar; ca. 150 g)
50 g Haferflocken (kernig)
100 g Haferflocken (zart)
30 g flüssiger Honig
1 TL Zimt

1. Backofen auf 180 °C Ober-/Unterhitze vorheizen. Ein Backblecht mit Backpapier auslegen.
2. Apfel waschen, schälen, Kerngehäuse entfernen und fein reiben oder mit der Küchenmaschine zerkleinern. Dann mit den restlichen Zutaten gut vermischen.
3. Mit angefeuchteten Händen ca. 25 Bällchen formen und auf das Backblech setzen.
4. Im Ofen 15–20 Minuten backen und nach ca. 10 Minuten einmal wenden.

Himbeer-Joghurt-Muffins

FÜR 6 STÜCK
PRO PORTION: 163 KCAL / 19,7 G KH / 4,9 G P / 7,1 G F

ZUTATEN:

- 120 g Himbeeren
- 120 g Mehl (z. B. Weizenvollkornmehl)
- 1 TL Weinsteinbackpulver
- 1 Prise Salz
- 1 Msp. Vanillepulver
- 100 g Joghurt
- 1 Ei
- 40 g weiche Butter oder Öl (z. B. Sonnenblumenöl)
- 40 g Honig oder Süßungsmittel nach Belieben

1. Backofen auf 170 °C Umluft vorheizen.
2. Himbeeren waschen und abtrocknen.
3. Trockene Zutaten vermengen.
4. Joghurt, Ei, Butter und Honig schaumig aufschlagen. Trockene Zutaten hinzufügen und alles zu einem homogenen Teig verrühren.
5. Himbeeren unterheben und den Teig in 6 Muffinförmchen geben. Im Ofen 20–25 Minuten backen.

Tipp:

Statt Himbeeren kannst du auch andere Beeren oder Obststücke verwenden, etwa Heidelbeeren, Äpfel oder Aprikosen.

Aprikosen-Kokos-Energiebällchen

FÜR 15 STÜCK
PRO STÜCK: 63 KCAL / 3,7 G KH / 1,4 G P / 4,3 G F

ZUTATEN:

- 100 g getrocknete Aprikosen
- 50 g gemahlene Mandeln
- 1 EL Orangensaft
- 60 g Kokosraspeln

1. Aprikosen klein hacken oder mit der Küchenmaschine grob zerkleinern. Dann mit Mandeln, Orangensaft und der Hälfte der Kokosraspeln vermischen.
2. Mit angefeuchteten Händen zu 15 Bällchen formen und diese in den restlichen Kokosflocken wälzen.
3. Anschließend für mindestens 30 Minuten in den Kühlschrank stellen. An einem kühlen, trockenen Ort und in einem verschließbaren Gefäß (z. B. ein Schraubglas) halten sich die Energiebällchen etwa 2 Wochen.

Tipp:

Statt Aprikosen eignen sich auch getrocknete Datteln oder andere Trockenfrüchte sehr gut.

Schnelles Beeren-Joghurt-Eis

2 PORTIONEN
PRO PORTION: 213 KCAL / 20,4 G KH / 4,5 G P / 10,2 G F

ZUTATEN:

- 300 g gemischte TK-Beeren
- 200 g griechischer Naturjoghurt
- 2 TL Honig

Alle Zutaten pürieren und sofort genießen.

Tipp:

Dieses Eis lässt sich auch ganz einfach mit anderen tiefgekühlten Früchten zubereiten. Mein zweiter Favorit ist Mango.

Schokopudding

2 PORTIONEN
PRO PORTION: 284 KCAL / 29,4 G KH / 4,6 G P / 13,6 G F

ZUTATEN:

- 1 sehr reife Banane
- 1 Avocado (ca. 150 g Fruchtfleisch)
- 2 EL Kakaopulver
- 1 Msp. Vanillepulver
- 40 g getrocknete Datteln oder 1 EL Süßungsmittel (z. B. Agavendicksaft)
- 2–3 EL Mandeldrink

Alle Zutaten pürieren und sofort genießen. Pudding optional mit ein paar Bananenscheiben und Kakaonibs toppen.

Brot und Brötchen

Kerniges Brot

FÜR CA. 16 SCHEIBEN
PRO SCHEIBE: 120 KCAL / 15,3 G KH / 4,4 G P / 4,1 G F

ZUTATEN:

- 150 g Weizenmehl
- 150 g Dinkelvollkornmehl
- 50 g Haferflocken
- 1 Päckchen Weinsteinbackpulver
- 1 EL Salz
- 30 g Nüsse nach Belieben (z. B. Haselnüsse oder Walnüsse)
- 50 g Kürbiskerne
- 30 g Sonnenblumenkerne
- 1 EL Essig (z. B. Balsamico bianco)
- 350 ml Mineralwasser

1. Backofen auf 200 °C Ober-/Unterhitze vorheizen. Eine Kastenform (30 cm) oder ein Backblech mit Backpapier auslegen.
2. Mehle, Haferflocken, Backpulver und Salz in einer Schüssel vermischen. Nüsse bei Bedarf noch etwas zerkleinern und dann zusammen mit den Kernen zum Mehl geben. Essig und Mineralwasser hinzufügen und alles gut verrühren.
3. In die Kastenform geben oder einen Laib formen und auf das Backblech geben. Den Brotteig der Länge nach leicht einschneiden.
4. In eine Auflaufform oder ein anderes backofenfestes Gefäß Wasser füllen. Brot auf mittlerer Schiene in den Backofen einschieben. Das Gefäß mit dem Wasser auf den Backofenboden stellen. Brot in 50–55 Minuten fertig backen.

Tipp:

Brotkruste nach Belieben mit Haferflocken, Kernen oder Saaten bestreuen.

Rosinenbrötchen

FÜR 10 STÜCK
PRO STÜCK: 128 KCAL / 19,4 G KH / 7,3 G P / 1,5 G F

ZUTATEN:

- 250 g Vollkornmehl
- 1 Päckchen Weinsteinbackpulver
- 1 Prise Salz
- 250 g Magerquark
- 1 EL Honig
- 1–2 Eier (je nach Größe)
- 3 EL Rosinen

1. Backofen auf 200 °C Ober-/Unterhitze vorheizen. Ein Backblech mit Backpapier auslegen.
2. Trockene Zutaten vermengen. Quark, Honig und Eier verquirlen.
3. Trockene Zutaten und Quarkmasse zu einem glatten Teig verrühren. Rosinen unterheben.
4. Mithilfe zweier Esslöffel 10 Kleckse auf das Backblech setzen (mit Abstand, sie gehen noch auf) und 20–25 Minuten backen.

Fladenbrot aus der Pfanne

FÜR 10 STÜCK
PRO STÜCK: 119 KCAL / 21,2 G KH / 2,9 G P / 2,2 G F

ZUTATEN:

- 180 ml Wasser + evtl. etwas mehr
- 300 g Weizenmehl + etwas mehr zum Ausrollen
- 20 g Öl (z. B. Rapsöl)
- 1 TL Salz
- 1 TL Backpulver

1. Alle Zutaten in einer Schüssel zu einem homogenen Teig verrühren. Evtl. noch etwas Wasser hinzufügen, falls der Teig noch zu trocken ist.
2. Teig für 10 Minuten ruhen lassen. Danach ca. 10 gleich große Teigkugeln formen.
3. Arbeitsfläche mit Mehl bestäuben und jeweils eine Teigkugel zu einem flachen, runden Fladenbrot (ca. 0,5 cm dick) ausrollen. Falls der Teig am Nudelholz kleben bleibt, etwas mehr bemehlen bzw. Frischhaltefolie zu Hilfe nehmen.
4. Eine gut beschichtete Bratpfanne erwärmen und Fladenteiglinge ohne Zugabe von Öl von beiden Seiten ausbacken.
5. Vorgang so lange wiederholen, bis alle Fladenbrote ausgebacken sind.

Aufstriche und Dips

Sellerie-Karotten-Aufstrich

FÜR 2 PORTIONEN
PRO PORTION: 120 KCAL / 9,5 G KH / 5,3 G P / 3,6 G F

ZUTATEN:

200 g Knollensellerie
150 g Karotten
½ Bund Schnittlauch
100 g Naturjoghurt
2 EL Schmand
Salz, Pfeffer

1. Sellerie und Karotten schälen und raspeln. Schnittlauch waschen, trocken schütteln und in Röllchen schneiden.
2. Joghurt mit Schmand, Salz und Pfeffer verrühren.
3. Alle Zutaten vermischen und nochmals mit Salz und Pfeffer abschmecken.

Scharfer Curry-Linsen-Aufstrich

FÜR 4 PORTIONEN
PRO PORTION: 163 KCAL / 19,7 G KH / 9,8 G P / 3,8 G F

ZUTATEN:
150 g rote Linsen
500 ml Gemüsebrühe
1 Schalotte oder kleine Zwiebel
1 rote Chilischote
1 TL Butter oder Olivenöl
1 TL Currypulver
1 Prise gemahlener Kreuzkümmel
Salz, Pfeffer

1. Linsen nach Packungsanweisung in der Gemüsebrühe garen (ca. 45 Minuten), dann abseihen.
2. Schalotte abziehen und klein hacken. Chilischote waschen, abtrocknen, entkernen und in feine Würfel schneiden oder hacken.
3. Butter in einem Topf erhitzen, Schalotten und Chilis darin 3 Minuten andünsten.
4. Linsen und Gewürze hinzufügen und alles pürieren. Evtl. noch 1–2 EL Wasser hinzufügen, je nach gewünschter Konsistenz. Nochmals mit Gewürzen abschmecken.

Tipp:

Statt der Chilischote kannst du auch 1 EL rote Paprikawürfel untermengen.

Rote-Bete-Dip

FÜR 4 PORTIONEN
PRO PORTION: 122 KCAL / 4,3 G KH / 5,7 G P / 8,1 G F

ZUTATEN:

250 g Rote Bete (gekocht)
100 g Schafskäse
1 EL Sonnenblumenkerne
1 EL Öl (z. B. Olivenöl)
1 EL Zitronensaft
Salz, Pfeffer
½ TL gemahlener Kreuzkümmel

1. Rote Bete in grobe Stücke schneiden und in eine Schüssel geben.
2. Schafskäse hinzubröseln und die restlichen Zutaten hinzufügen. Alles pürieren. Evtl. noch 1–2 EL Wasser dazugeben.
3. Mit Salz, Pfeffer und Kreuzkümmel abschmecken.

Tipp:

Für das Verarbeiten der Rote Bete am besten Einmalhandschuhe tragen, da Rote Bete abfärbt.

Smoothies

Karotten-Sellerie-Smoothie

FÜR 2 PORTIONEN

PRO PORTION: 137 KCAL / 22,9 G KH / 3,9 G P / 0,8 G F

ZUTATEN:

- 1 Stangensellerie
- 1 Karotte
- 1 Stück Ingwer (ca. 1 cm; optional)
- 150 g Blattspinat
- 1 Banane
- Saft von 1 Zitrone
- 1 TL Honig oder Süßungsmittel nach Belieben
- 100 ml kaltes Wasser

1. Stangensellerie putzen, waschen und grob zerkleinern. Karotte evtl. schälen und in grobe Stücke schneiden. Ingwer schälen. Blattspinat verlesen, waschen und abtropfen lassen. Banane schälen.
2. Alle Zutaten in einen leistungsstarken Mixer geben und pürieren.

Erdbeershake

FÜR 2 PORTIONEN

PRO PORTION: 213 KCAL / 29,7 G KH / 11 G P / 4,1 G F

ZUTATEN:

200 g Erdbeeren
1 Banane
2 Mandeln
100 g Magerquark
2 EL Haferflocken
1 TL Leinsamen
50 ml Milch oder Milchalternative (z. B. Mandelmilch)

1. Erdbeeren waschen. Banane schälen.
2. Alle Zutaten in einen leistungsstarken Mixer geben und pürieren.

Schokoshake

FÜR 2 PORTIONEN
PRO PORTION: 278 KCAL / 47,1 G KH / 8,5 G P / 4,2 G F

ZUTATEN:

- 2 Bananen
- 1 EL Kakaopulver (ungesüßt)
- 40 g Haferflocken
- 200 ml Milch oder Milchalternative (z. B. Mandelmilch)

1. Banane schälen und in grobe Stücke schneiden.
2. Alle Zutaten in einen leistungsstarken Mixer geben und pürieren.

Stangensellerie-Petersilien-Smoothie

FÜR 2 PORTIONEN

PRO PORTION: 151 KCAL / 31,6 G KH / 2,5 G P / 0,4 G F

ZUTATEN:

1 Bund Petersilie
1 Stängel Stangensellerie
2 Bananen
200 ml Wasser

1. Petersilie waschen, trocken schütteln und grob zerkleinern. Stangensellerie putzen, waschen und ebenfalls grob zerkleinern. Bananen schälen und in grobe Stücke schneiden.
2. Alle Zutaten in einen leistungsstarken Mixer geben und pürieren.

Über die Autorin

Veronika Pichl ist Autorin zahlreicher Kochbücher und Ratgeber. Mit ihren Büchern und ihrem Blog-Magazin »HappyFitFood – Gesunde Ernährung mit Fun-Faktor« möchte sie ihre Leser zu einem gesünderen und glücklicheren Leben inspirieren. Im riva Verlag sind bereits viele erfolgreiche Bücher von ihr erschienen. Sie lebt mit ihrem Mann und ihren beiden Kindern im schönen Mittelfranken. Mehr Infos zur Autorin und ihren Büchern findest du auf **www.veronikapichl.de.**

Im Blog-Magazin von Veronika Pichl auf **www.happyfitfood.de** erscheinen regelmäßig leckere Rezepte, Meal-Prep- und Lunchbox-Ideen. Außerdem gibt es wissenswerte Beiträge, um mehr Bewegung in den Alltag zu bringen und Kilos zu verlieren, aber auch Tipps, um seine Ziele zu erreichen – für eine nachhaltige Lebensweise und mehr Zufriedenheit im Leben.

Kostenloses Bonusmaterial

Auf **https://die-veggie-challenge.de** habe ich dir umfangreiches Bonusmaterial zum Buch zusammengestellt, das du dir zur Unterstützung herunterladen kannst.

Im kostenlosen Bonuspaket sind unter anderem enthalten:

- Wochenplanvorlagen zum Erstellen eigener vegetarischer Wochenpläne
- Rezeptkartenvorlagen zum Ausdrucken
- vegetarische Einkaufs- und Vorratsliste
- Saisonkalender zum Ausdrucken

Ich freue mich auf dich!

Deine Veronika

Es ist nicht wichtig, wie groß der erste Schritt ist, sondern in welche Richtung er geht.

Zutatenregister

Bildnachweis

Shutterstock.com:
S. 9: Slava Dumchev; S. 10: stockcreations; S. 11: HQuality; S. 16: Vankad; S. 18: Photographee.eu; S. 20: HQuality; S. 22: Africa Studio; S. 24: Thuwanan Krueabudda; S. 27 oben rechts + S. 111: JeniFoto; S. 28: Richard Whitcombe; S. 30: yesyesterday; S. 32: baibaz; S. 34: Chinnapong; S. 36: wavebreakmedia; S. 38: AXL; S. 46: Aleksandar Malivuk; S. 48: Radu Bercan; S. 54: Andy Vinnikov; S. 56: Miriam Doerr Martin Frommherz; S. 58: photocrew1; S. 60: RikoBest; S. 62: Tony Thiethoaly; S. 64: Iryna Melnyk; S. 66: Drazen Zigic; S. 68: Petia_is; S. 70: Romanenko Svitlana; S. 72: Matej Kastelic; S. 74: Syda Productions; S. 75 oben rechts + S. 91 oben Mitte + S. 100: Elena Veselova; S. 159: Nina Firsova; alle anderen Bilder: Stephanie Just